毎日作り続けて気づいた
もっとおいしくなるコツ

スパイスカレー沼に
ハマってみない？

印度カリー子

一度ハマると抜け出せない?!
奥が深いスパイスカレー沼

スパイスカレーの辛みにひそむ「旨味」

唐辛子には旨味成分であるグルタミン酸もたっぷり！　入れれば入れるほど、どんどんおいしくなるんです。

— CHAPTER3「スパイスを操るためには」から抜粋 (P.54) —

口にしたときのフワ〜ッとした多幸感のひみつ

辛いスパイスカレーを食べると、脳内で幸せ物質β-エンドルフィンが分泌されます。ただし辛味には「48時間の法則」があって……。

— CHAPTER3「スパイスを操るためには」から抜粋 (P.54) —

カレーのコクを決めるのは玉ねぎだった

し〜〜〜っかり炒めることで、コクや旨味、甘味などの要素を引き出すことができます。

—CHAPTER2「スパイスカレーを作るための基本のキ」から抜粋（P.30〜）—

自然なとろみの秘密は玉ねぎの「カラカラのスポンジ状態」にあり？

水分がほとんどなくなるまで炒めた玉ねぎは、フワっとふくらんで理想のとろみを生み出します。

—CHAPTER2「スパイスカレーを作るための基本のキ」から抜粋（P.31〜）—

スパイスは多ければ多いほどいいわけじゃない

スパイスは種類を増やすごとに香りのレイヤーが増え、豊かな風味になりますが、増やしすぎると１つ追加するごとの変化の幅が小さくなって……

— CHAPTER3「スパイスを操るためには」から抜粋（P.66）—

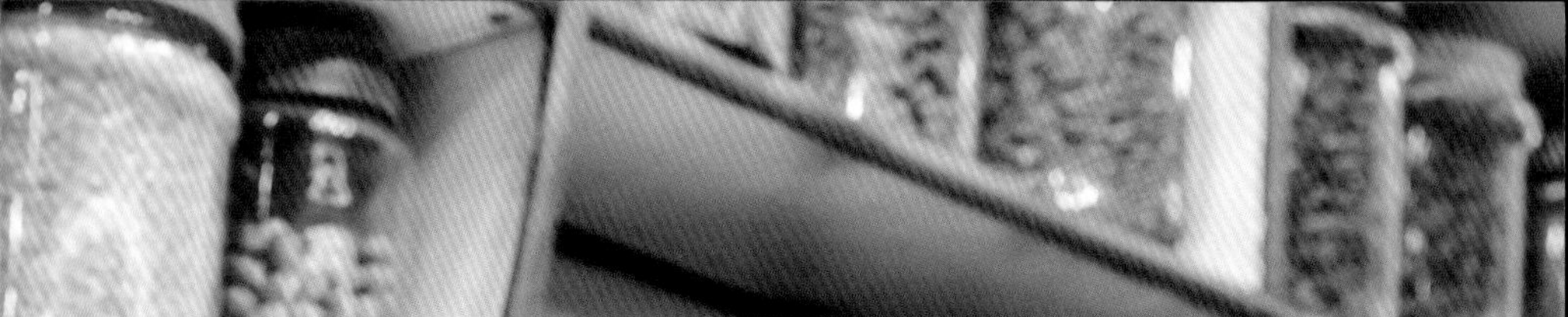

はじめに

印度カリー子の活動を始めてからおよそ7年間、ほぼ毎日カレーやスパイス料理を作って食べています。おいしいカレーを作りたいという一心から、これまで数多《あまた》の和洋書やインドのレシピ本を読み、いろんなカレーを作っては食べ、さまざまなお店に食べに行き、幾度もインドに渡航してきました。

この本は、私がカレーを作り続けて気がついた、おいしいカレーを作るためのコツや考え方を皆さんに伝えたいと思って書いた本です。スパイスカレーは難しいものではありません。でもレシピの裏側にある理屈やルールを知っていただければ、もっともっとおいしく作れるんです。

まず初級編では、カレー作りの基本を紹介しています。これまでにいろんな場所で紹介してきたことを、あらためて整理し直し、ていねいに体系立ててまとめました。スパイスカレーが初めてという人が読めば、ありがちな失敗を避けることができますし、スパイスカレーを作り慣れている人にも、役立つ知識が含まれていると思います。

中・上級編では、主にスパイスのことを掘り下げています。初めてスパイスを買う人にとっては、ハードルが高めに感じることもあるかもしれませんが、カレー作りを進めるにあたって、いつか出くわす疑問に対する答えが詰まっています。将来的に持っていて損はない情報や豆知識だけを集めていますが、初級編をマスターしてから読んでも十分だと思っています。

カレーを作ったことがある人や、スパイスに慣れた人たちにはもっとカレー作りが面白くなるような話を散りばめています。ほかの本では書いていないようなマニアックな部分もあるのでぜひ楽しんでください。私のこれまでの経験と数多の失敗を踏み台に、おいしいカレーを作っていただければ幸いです。

ハマるとめちゃくちゃ楽しいカレー沼。ともにどっぷりハマって行きませんか？

印度カリ子

もくじ

CHAPTER 2 〝カレー沼〟初級編②
スパイスカレーをおいしくするためのキホンのキ

CHAPTER 3 "カレー沼"中・上級編① スパイスを操るためには

"カレー沼"番外編

CHAPTER 5 スパイスカレーに役立つエトセトラ

本書のきまり

- ◆大さじ1は15mℓ、小さじ1は5mℓです。
- ◆フライパン（鍋）の大きさや材質によって熱の伝わり方や水分の蒸発の仕方などに差が出るので調整してください。フタは鍋のサイズにぴったり合うものを使用してください。
- ◆火加減の目安は、強火が「鍋底に炎が勢いよく当たる程度」、中火が「鍋底に炎がちょうど届く程度」、弱火が「鍋底に炎がギリギリ当たらない程度」です。
- ◆電子レンジは、600Wのものを使用しています。500Wの場合は、加熱時間を1.2倍にしてください。メーカーによって差があるので、様子を見ながら加熱してください。
- ◆レシピに出てくる「○分煮る」とは、特別に記載がない限り、材料を入れて沸騰しはじめてからの目安時間です。

“カレー沼”初級編①

CHAPTER 1

スパイスカレーを作るために必要なものってなんだろう？

私の名前は
来栖《らいす》れいか
28才独身
事務職
趣味は—
カレー!!

チキンカレー
おまたせしました!!
ぱく
家でもたまに作るけど
やっぱ お店の味にはかなわないな〜!
んー!
最近は辛味をなくしたカレー作ってんねん!
俺は逆で辛味はどんどん足してるナァ

辛味がなくてもおいしいカレーが作れることを知ったわ
まあ辛味はあとから追加できるしな
味の決め手は塩やで
あと玉ねぎの炒め方も重要やん
カレーって奥深そう！
一応作ったことはあるけど
こだわったことはないな〜
スパイスとか種類たくさんありそうだし
専用の調理器具とかも必要そうだしな〜

え
私 声に 出してた?
って
顔に 書いて あります
ハア…
てかさ
ダレ
あ スミマセン
私…
こーゆー者です!
度カリー子 スパイスショップ
印度カリー子
コツとか理屈がわかれば簡単ですよ
スパイスカレー作り

「深型のフライパン」こそスパイスカレーをおいしく作れる理想の鍋

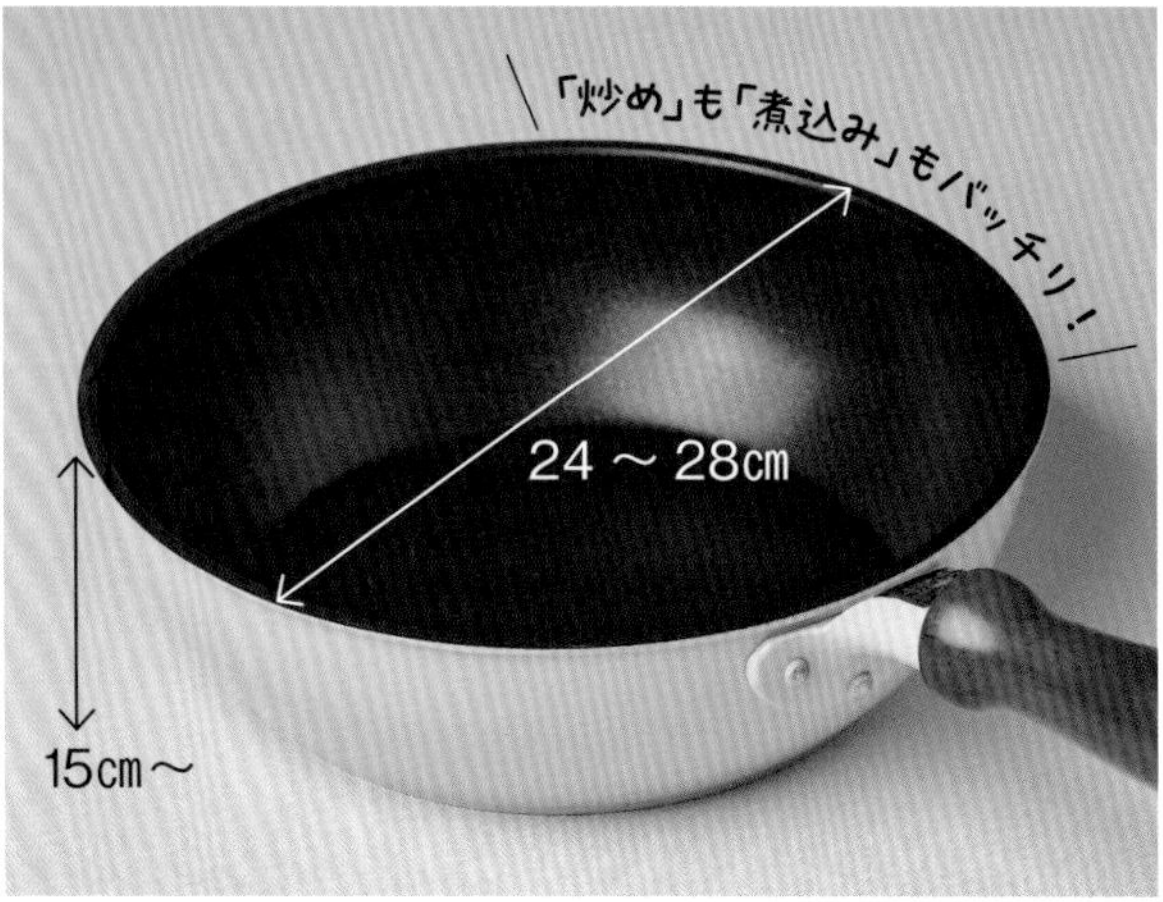

スパイスカレー作りには、直径24～28㎝、深さは15㎝ほどの深型フライパンがおすすめ。24㎝は2～4人分、28㎝は5～10人分のカレーを作るのに最適です。28㎝のフライパンでも4人分の量は作れるので、家族が4人以上だったり、大人数のカレーを作る機会がある人は、28㎝を選んでおくとよいです。なにより、ここで特筆したいのは深型であるということ。深型を使うことにより、次の2つのメリットがあります。

メリット1

炒めの作業がしやすい

カレーは食材を炒める工程が多い料理です。例えば玉ねぎのみじん切りを炒めるとき、浅いフライパンで炒めていると、玉ねぎが鍋の外へ飛び出していっちゃいます。それがとてもストレスになります。浅型は底面積が広いので、炒め料理に向くということをよく聞きますが、それよりも飛び出すストレスが勝ります。

メリット2

煮込む作業がしやすい

材料を炒めたあと、あとから入れる具材に火を通すために軽く煮込みます。そのときに浅型だと、水があふれそうになってしまい、ふきこぼれることもあります。スープ系のカレーを作るときに、あとから水などを足せなくなることもしばしば。その点、深型なら安心です。

Q うちには30㎝の深型があるんですけど、それは使えないの？

A 直径が大きい分には問題ないです

逆に表面積が広い分、炒める時間が短くなるという利点があります。その代わり、水分が飛ぶのも早いので、煮込むときにフタをしないと、レシピに書いてある分数よりも短い時間で水分が減ってしまいます。ちなみに、私のレシピは基本的にフタをします。

↓煮込み時間については43ページへ

Q どんな材質のフライパンでもいいの？

A フッ素樹脂加工がおすすめです

比較的軽いので扱いやすく、炒めるときに焦げつきにくいという利点があります。ただし、フッ素樹脂加工は長時間の高温が苦手。炒める作業では、水分が蒸発し、どんどんフライパンの温度が上昇していきます。強火で炒め続けると、フッ素樹脂加工が剥がれてしまうことも。水分が少なくなってきたら火力を落として使用することがフライパンを長持ちさせるコツです。

Q フタって必要ですか？

A 絶対買いましょう

フタは大きすぎても、小さすぎてもNGです。水分の蒸発の仕方に関わることなので、レシピ通りにおいしいカレーを作るためには、必ずフライパンの口径に合ったフタを買いましょう。

Q 鉄鍋やアルミ鍋でカレーを作ってみたいのですが

A どちらでも作れます

作れますが、私のレシピに限っていうと、油を使う量が少ないので、最初に油を大さじ3〜5ほど、表面にひいてから炒めないとすぐ焦げてしまいます。炒める時間も材質によって変わってくるので、炒め終わりの目安は玉ねぎの色で判断しましょう。ちなみに、煮る時間は鍋の材質の違いで、さほど差が出ません。その理由は、水の温度は100℃より上がらないので、鉄であろうが、フッ素樹脂加工であろうが煮る温度は変わらないからです。

↓玉ねぎの炒め終わりを知るには32ページへ
↓トマトの炒め終わりを知るには38ページへ

スパイスカレーの基本の材料は、玉ねぎとトマト、にんにく、しょうが

スパイスカレーは、基本の材料（玉ねぎ、トマト、にんにく、しょうが）にメインの具材（肉、魚など）、塩、スパイスという構成になります。基本の材料は、スパイスカレーにおいて、２つの役割を担います。１つ目は味。基本の材料を炒めることで、コクや旨味、甘味などを出すことができます。２つ目は、食物繊維が豊富な材料を炒めることにより、カレーにとろみをつけることです。この基本の材料は、それぞれを具材として楽しむのではなく、スパイスカレーのベース（土台）になるものたちなのです。

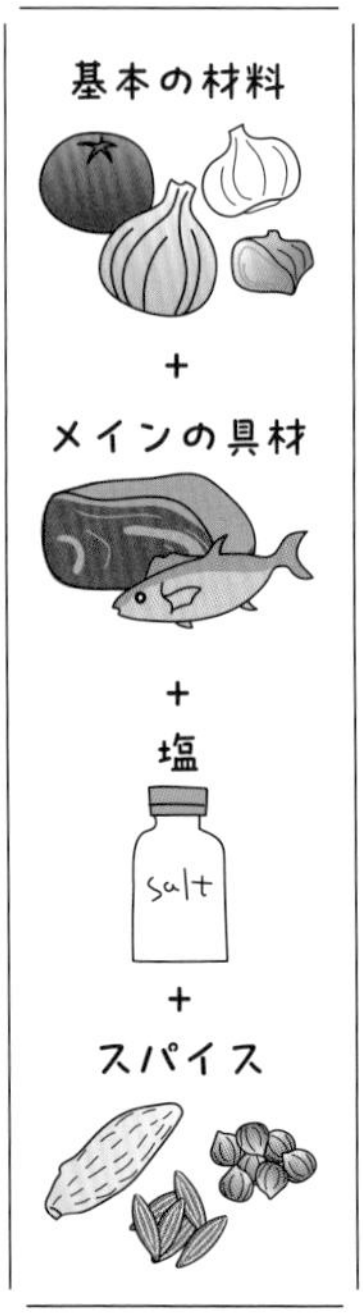

基本の材料

玉ねぎ

玉ねぎはスパイスカレーに甘味とコクを追加します。また、よく炒めることでカレーに自然なとろみもつくので、玉ねぎの使い方は、とても重要なポイントになります。

トマト

トマトはカレーに、甘味・酸味・旨味を追加してくれます。旨味成分であるグルタミン酸は、玉ねぎよりも豊富に含まれていて、「天然の調味料」といわれています。

しょうが

肉や魚の臭み消しや、カレーに爽やかな香りを加えるためのアクセントとして使います。切り方、すりおろし方によって香りの立ち方が異なり、にんにく同様に炒める時間の長さで香りの強さが変わります。トッピングとして使うことも。

にんにく

炒めれば炒めるほど、にんにくの香りはしなくなりカレーの旨味になります。すりおろすと香りが飛びやすいため、玉ねぎの炒め終わりに加えて、あえて香りを強く残す場合もあります。

Q 基本の材料は絶対に必要なの？

A スパイスカレーはじめてさんは使ったほうがよいです

基本の材料を使うと味のバランスをとりやすく、コクやとろみをつけることができます。基本の材料はバランスのよいセットだからこそ、それらを使うと旨味が強く、まとまりのある味になり、どんな食材にも合わせやすくなります。特に初めてスパイスカレーを作る方には、失敗しづらいおすすめのセットです。

ただし、基本の材料を使わないスパイスカレーも存在します。例えば、玉ねぎを入れずに、ほかの材料の量を増やすことで、味のバランスをとることがあります。99ページで紹介しているスイートバターチキンカレーは、玉ねぎを使わずに、トマトの分量を増やしたカレーですが、トマトの甘味が強いため、玉ねぎを炒める必要がなく、トマトの甘味が引き立った味わいになっています。

上級者になると、基本の材料のそれぞれを増減させることで、いろんな味のカレーを作ることができるようになります。

上級者

Q どうして玉ねぎを入れないスパイスカレーがあるの？

A 玉ねぎの匂いをカレーにつけたくないから

例えば、「みそとにんにくは相性がよいのに、みそ汁に、なぜにんにくを入れないのか」と考えたとき、それは汁ににんにくの香りが必要ないからだと思うんです。玉ねぎ抜きのカレーも同じような理由で、玉ねぎの香りをつけたくないから使いません。トマトを使わないカレーも同様で、これらがどれか欠けることで、逆にほかの香りが引き立ちます。玉ねぎを使わないカレーのレシピは、玉ねぎがもたらす役割の代わりに、ほかのスパイスや材料が際立っています。

↓玉ねぎを使わないカレーは99ページへ

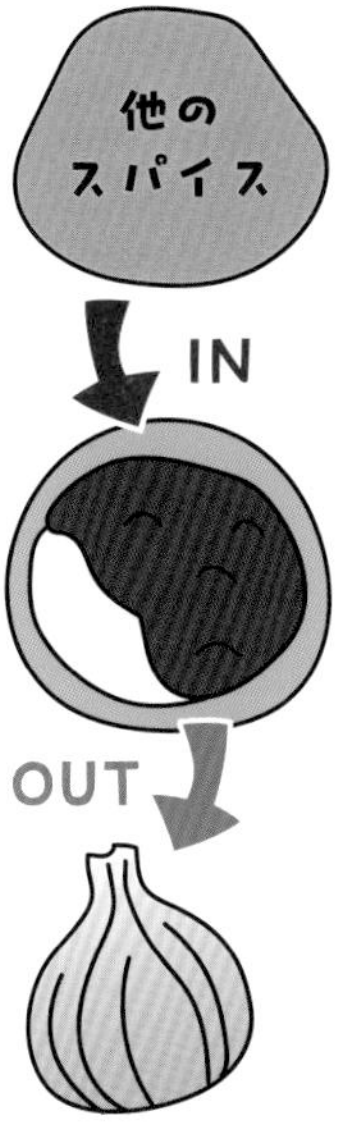

スパイスはまず、「タ」「ク」「コ」をそろえましょう！

カレー粉で作ったことはあるけれど、スパイスでカレーを作ってみたい！　でもスパイスがいろいろありすぎて、何から買えばいいかわからない！　そんな方は、まずこの3つからそろえてみてください。「タ」はターメリック、「ク」はクミン、「コ」はコリアンダーのこと。これらは全て粉末状のパウダースパイスです。

↓スパイスの詳細については58ページへ

スパイスカレーというのは、いろいろな香りの複合体で、重い香りから軽い香りまで分類できます。

↓香りについては68ページへ

タクコはそれぞれ順番に、重い香り（後味にほんのり香る）、中心の香り（メインとなる香り）、軽い香り（最初に感じる香り）の代表的なスパイスです。この香りを満遍なく抽出していくと、いわゆるカレーの匂いを作ることができるのです。例えばターメリックだけ、クミンだけだと、カレーに近い香りはしますが、これはカレー……なの？　というような、中途半端なものになってしまいます。まず初めに買うべきスパイスはタクコ。これさえそろえてしまえば、スパイスカレーは作れます。

↓タクコの後に買うべきスパイスについては58ページへ

軽　コ　リアンダー
↑　ク　ミン　　カレーの香り
重　タ　ーメリック

Q　タクコで作るカレーはどれくらい辛いの？

A　**辛くないので、どなたでも食べられます**

ターメリック、クミン、コリアンダーには辛味の成分が入っていません。ですので、タクコだけで作ると辛味ゼロのカレーが作れます。スパイスカレーを作る上での魅力のひとつに〝辛味を自在に調節できる〟というポイントがあります。カレー粉やカレールウにはすでに辛味成分が入っているので、これらで作るカレーは、基本的に辛さをあとから決定することができません。私のおすすめスパイスであるタクコは、誰でもスパイスカレーを作れる基本のスパイスです。どんな食材でもカレーにできるほど万能で、誰もが食べられるから、最初にそろえるべきスパイスなのです。

↓辛味をつけたい人は52ページへ

Q スパイスはどこで買えばいいの？

A スーパーで売っているものでOKです

最近は100円ショップでも取り扱われるようになりました。日本のスーパーなどで買えるものは、基本的に品質が高いので、どこで買っても大丈夫です。しかし、少量であったり、値段が高いと感じる方もいると思います。その場合は、インターネットで大容量を買うと単価を抑えることができます。『自分の住んでいる都市名（例：Sendai）halal food』で検索すると、輸入スパイスが安く置いてあるお店が見つかることも。ただし、大容量を購入する場合は、スパイスの使い方を理解してからにしましょう。例えばカイエンペッパーやターメリックを大量に購入しても、賞味期限内に使い切れないと思いますので……。

Q スパイスってやっぱり現地で買う方がいいの？

A 一番品質がよいのは日本のスーパーです

スパイスの本場・インドで買うスパイスは、グラム当たりの単価は安いのですが、品質保持の観点から考えると、日本のスーパーで売られているスパイスをこまめに購入した方が、とても香りのよいスパイスが継続して使用できます。

また、輸入食材店で大容量を買った場合など、自宅での保存期間が長いと、どうしても直射日光が当たったり、温度変化があったりするので、どんどん劣化していきます。短期間で使いきり、そのたびにスーパーできちんと管理されているスパイスを購入した方が、色も香りもよいです。

↓スパイスの保存方法は70ページへ

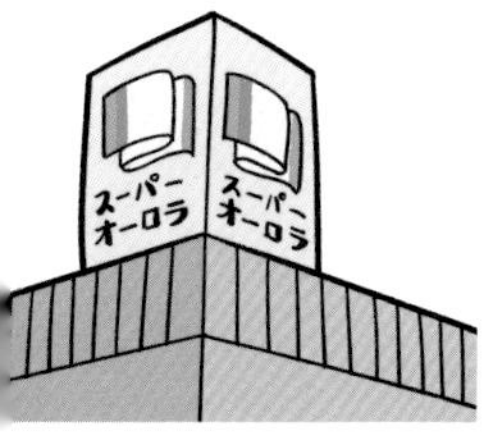

タクコには辛味成分が入っていないので、辛いのが苦手な方でも食べられます。スパイスの風味が感じられる、一番かんたんなレシピです。

Level 1 基本のタクコでスパイスチキンカレー

まずは、基本の３つのスパイスで、スパイスカレーを作ってみましょう。
インドでもたくさん食べられているチキンカレーからスタート。

材料　３～４人分

鶏もも肉（一口大に切る）……………400g
玉ねぎ（みじん切り）………１個（200g）
トマト（ざく切り）…………１個（200g）
にんにく（みじん切り）……………１かけ
しょうが（みじん切り）……………１かけ
水 ……………………………………150mℓ
ヨーグルト（無糖）………………… 50g
サラダ油 ……………………………大さじ１
塩 ……………………………………小さじ１
パクチー（好みで。ざく切り）………適量

スパイス
ターメリック ………………小さじ１
クミンパウダー ……………小さじ１
コリアンダーパウダー ……小さじ１

作り方

1 フライパンにサラダ油をひき、にんにくとしょうが、玉ねぎを入れ、強めの中火でかき混ぜながら10分ほど炒める。

2 玉ねぎが焦げ茶色になったらトマトを加え、実が潰れてしっかり水分が飛ぶまで炒める。

3 弱火にし、スパイスと塩を加え、30秒ほど炒め合わせる。

4 一度火を消し、水と鶏肉、よくかき混ぜたヨーグルトを加える。沸騰したら弱火にしてフタをし、10分ほど蒸し煮にする。

5 鶏肉に火が通ったら塩（分量外）で味を調える。好みでパクチーをのせる。

ヨーグルトは、かき混ぜて滑らかにしてから一度火を消したフライパンに加えると、ダマにならないよ！　加糖ヨーグルトでも代用できますが、カレーがほんのり甘くなります。

インドとスパイスと私 1

本場インドのスパイス市場に潜入

2023年6月、3年ぶりにインドへ渡航しました。久しぶりのインドは楽しく、カレーがおいしく、とても最高でした！

今回は北インドのオールドデリーの中にあるスパイス街へ行ってきました。そこはチャンドニーチョークというバザールが密集する地域で、

綺麗に山積みになったスパイス

路地はもちろん、路地裏にも商店が所狭しと並び、食品やスパイス、日用品などなんでも買えます。

バザールは、通りごとになんとなく売っているものが区切られていて、スパイスだけが並んでいるエリアもあります。これまでのインド旅で見てきたスパイスは、直射日光や暑さにやられて、香りがしなかったり、色が褪せている物が多かったのですが、チャンドニーチョークのスパイスは驚くほど新鮮！ カルダモンは見たことがないくらい綺麗な緑色をしていて、ターメリックも元の形で売られていました。

どのスパイスも日々買われていくからか、毎日新しい物が手に入るようでした。

ちなみに、チャンドニーチョークのスパイス街に入るときは、マスクと水を持参するのをおすすめします。

なぜかというとチリペッパーやブラックペッパーの辛味が、デリーの暑さ（6月日中気温42℃）や風に巻き上げられ、むせて呼吸ができないことがあるから。現地のインド人ですらむせていたので、慣れていない場合は危険かも（笑）。

スパイスと一緒にドライフルーツも！

"カレー沼"初級編②

CHAPTER 2

スパイスカレーをおいしくするためのキホンのキ

玉ねぎ炒めとコクの関係性

ジュー
スパイスカレー作りにハマりつつある来栖れいか
おまちどうさま〜!
ワク
ワク
印度カリー子
ワァ おいしそう!
いただきま〜す!

ぱく
ンマーイ!!
どうですか？
カレー作りなれました？
はい こんなにかんたんにスパイスカレーが作れるんですね！
すごすぎ！

でもやっぱりお店のカレーとはいかないですねー
そうですか？と～ってもおいしいですよ！
コクが足りないというか
スパイスを足した方がいいのかなあ…
コクですかなるほど！
そう感じるなら原因はスパイスではないですね！
基本を見直してみましょう！
基本？
そう！

コクが深いカレー
にするための最大のポイント
玉ねぎの炒め方で
コクが決まります
炒め時間
短い
ふつう
長い
コク
浅い
ふつう
深い

玉ねぎを焦げ茶色になるまで炒めるとカレーはどんどんコク深くなります！
味はスパイスで決まるんじゃないんだ
知らなかったー

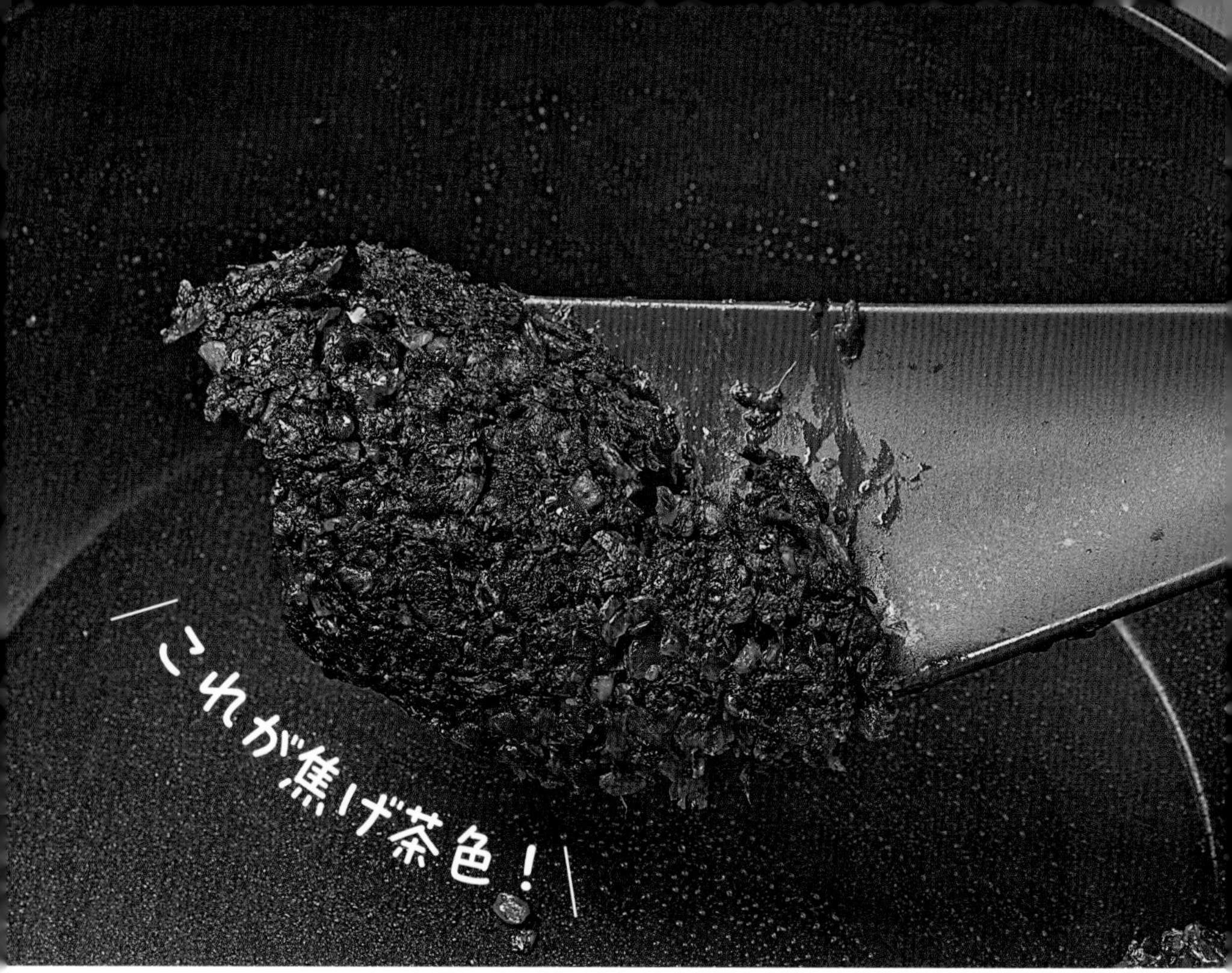

玉ねぎはあなたが思っているより炒めます。「焦げ茶色」になるまでを意識！

スパイスカレーにコクや深みを出すためには、玉ねぎを焦げ茶色になるまで炒めることが重要です。玉ねぎ以外では、コクは出せないといっても過言ではないくらい。例えるなら、プリンのカラメルと一緒で、カラメルは砂糖水を焦がすことによって、香ばしさやコクを生んでいます。原理はそれと一緒で、玉ねぎも糖を持っているので、それを焦がしてあげることにより、コクや深みが生まれるのです（「メイラード反応」といいます）。「焦げ茶色」という判断が難しいところですが、炒め終わりでは、玉ねぎの量が炒め始めの$\frac{1}{2}$ほどになる、という点でも判断できます。上の写真のほか32ページの調理工程写真でも実際に炒めた玉ねぎの色や量をお見せするので、参考にしてみてください。

Q 玉ねぎの切り方に決まりはあるの？

A まずは、みじん切りから！

みじん切りにすると均一に炒めやすく、カレーにとろみもつきやすくなります。水分がほとんどなくなるまで玉ねぎを炒めると（私はこの状態を「カラカラのスポンジ状態」と呼んでいます）、あとで水分を入れたときに、玉ねぎがフワッとふくらんで、自然なとろみになります。みじん切りはなるべく細かくし、それぞれの大きさもなるべく均一になるように切りましょう。細かければ細かいほどよいというわけではありません。フードプロセッサー等でペースト状にしてしまうと、焦げ茶色になる前にひからびてしまい、フライパンの底に焦げつく要因のひとつになります。ベストは3～5㎜角ほど。

上級者

Q みじん切りじゃないとダメ？

A 薄切りという方法もあります

玉ねぎをスライスすることによって、玉ねぎの食感を楽しむことができます。さらに1㎜幅以下の透き通るくらい薄いスライスにすると、炒める時間を短縮でき、よりとろけるような食感を味わうことができます。みじん切りは、ペースト状になるまでしっかり炒めれば、カレーに均一に混ざり合い、食感としての存在感はほぼ消えます。対して、薄切りでは、まろやかなとろみとして、玉ねぎの存在を感じることができるのです。

上級者テクニックとして、香りの飛びやすいスパイスを始めに使うカレーを作るとき、あえて玉ねぎを透き通るほどの薄切りにすることがあります。これは炒める時間を減らすため。熱を加えるとスパイスの香りはどんどん揮発してしまうので、炒める時間を最小限にする必要があるのです。ちなみに私はメインの具材を主に食べたいときはみじん切り、玉ねぎのとろける食感を楽しみたいときは薄切り、という使い分けをしています。

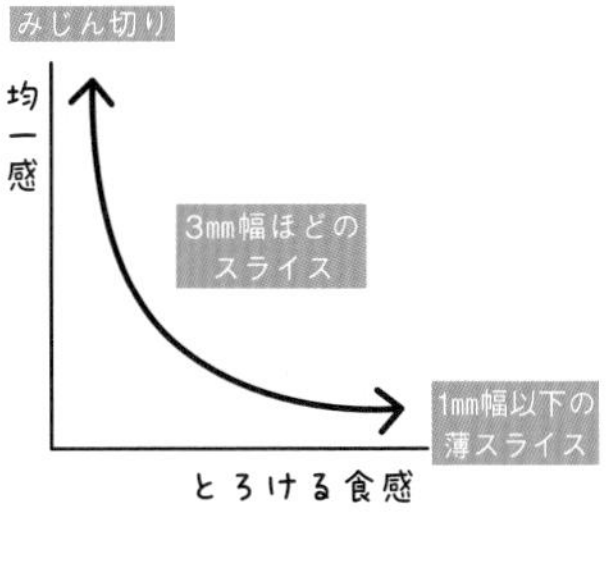

もっと詳しく！ 玉ねぎが「焦げ茶色」になるまで

GOAL まで約10分！

※調理中は、炒め終わりの目安となる焦げ茶色のヘラを使用しています（P.35参照）。

玉ねぎをみじん切りにする。大きさは均一を意識し、5㎜角以下になるように。

フライパンに、サラダ油とにんにく、しょうが、1を入れ、強めの中火にかける。

全体を軽く混ぜ合わせる。

玉ねぎ全体に火が均等に入るように、フライパンの底面に広げる。

玉ねぎが色づき始めたら、ヘラで混ぜ合わせる。

約2分経過

キツネ色になったところ。ヘラを動かしながら、引き続き炒めていく。

玉ねぎの色見本

途中、ヘラで玉ねぎを押し潰すようにして、水分を出しながら炒める。

約6分経過

あめ色になったところ。ヘラの色と比べてもまだ炒め足りないことがわかる。弱めの中火にし、ゆっくり焦げ茶色に近づけていく。

柔らかいヘラではないときは、ヘラの先端で玉ねぎを潰しながら炒める。

約8分経過

色はOK。玉ねぎの粒感がまだ残っている状態。

弱火にしたら、粒感をなくすために、ヘラで潰しながらペースト状になるように炒めていく。

約10分経過

GOAL

できあがり。炒め始めから量は約半分ほどになり、ペースト状になった。

Q 玉ねぎの炒めが弱いとどうなるの？

A コクのない軽い味わいのカレーになります

もちろん玉ねぎを焦げ茶色まで炒めずに作るカレーもあります。いろいろなカレーを作り続けていると、サラサラとした軽い味わいのカレーを食べたいときもあります。ただ、コクがあり旨味が強いカレーには玉ねぎの炒めが必須なので、はじめのうちはちゃんと炒めるとよいです。玉ねぎの炒め具合は、カレーの味わいに大きく関わるので、自分の好みを探したり、作るカレーによって炒め加減を変えたりします。

Q 新玉ねぎを使ってもいいの？

A 普通の玉ねぎが無難です

新玉ねぎは普通の玉ねぎに比べて水分量が多いので、炒める時間が長くなります。結局焦げ茶色まで炒めれば、味は変わらないので、普通の玉ねぎを選んだ方が楽です。また、水分量を考慮して玉ねぎ1個の基準は200gほどですが、新玉ねぎを使うなら、1個300gほどのものを選びましょう。

Q 玉ねぎが焦げてしまいそうで心配……

A 最初は放っておいても大丈夫

玉ねぎが焦げるときは後半です。玉ねぎが色づき、水分が抜けてくると焦げやすくなります。玉ねぎにはたくさんの水分が含まれているので、炒め始めは焦げつきにくいです。この段階では、フライパンにまんべんなく玉ねぎを広げて放っておきます。色がついてきて、音がパチパチッとしてきたら、ヘラでかき混ぜながら全体に火を入れます。色づき始めたら、火が強いと焦げてしまうことがあるので、火加減も調整しながら行ってください。もし全体的に焦げ上がってしまったら、そのまま続行はせず、やり直しましょう。

Q 業務用の切ってある玉ねぎを使ってもいい？

A OKです！

業務用スーパーなどで売られている、すでにみじん切りされた冷凍玉ねぎを使っても大丈夫です。一度冷凍されているので、水分も飛びやすく炒まりやすいという利点も。この場合でも玉ねぎ1個分＝200gと換算して使用します。もうひとつの代用品として、炒め玉ねぎというものも存在します。炒め玉ねぎを使う場合は、玉ねぎ1個分＝70gと換算します。よく売られている炒め玉ねぎは、炒め方が若干浅いので、さらにもう少しだけ焦げ茶色になるまで炒めるとよいでしょう。そうすれば深みも出て、とろみもつきやすくなります。

Q 玉ねぎ以外で代用できるものはあるの？

A フライドオニオンが使えます

余りがちなフライドオニオンを玉ねぎの代用として使う方法もあります。小麦粉がついていないものが好ましいのですが、トマトを炒めるときに大さじ4（4人分）ほど加えると、かんたんに炒め玉ねぎの風味が足されます。これは超時短の裏ワザですが、味わいは生玉ねぎで作った場合と少し異なります。

私が監修した便利グッズ！

丸ごと1個入る 玉ねぎチョッパー

みじん切り器 チョッパー ビッグサイズ
／オープン価格

玉ねぎを入れて、取手を引っ張れば、すぐに均一なみじん切りができちゃう。また、繊維を分断し、水分が抜けやすいように切ってくれます。キッチンも汚れません。ただ、やりすぎによるベチャベチャに注意。

ここで買えます！

玉ねぎを炒めるのに便利なヘラ

ターナー フライ返し オールナイロン ブラウン
／オープン価格

炒めるときに使うヘラは柔らかい素材のナイロン製やシリコン製のものがおすすめ。理由はヘラを使って押し潰したりできるし、フライパンも傷つきにくいから。上記のヘラは、玉ねぎの炒め終わりの色と同じ色なので焦げ茶色も一目瞭然！

玉ねぎとともに味の土台を支えるトマト

インドカレーをベースにしたスパイスカレーには、一般的にトマトが入ります。南インドカレーや、パキスタンに近い北インドのカレーにはトマトを使わないものもありますが、基本的にスパイスカレーには酸味や甘味、旨味をつけるためにトマトを入れます。軽く炒めれば酸味が際立ち、玉ねぎのようによく炒めれば、コクや旨味が引き立ちます。トマトの使い方やカレーにもたらす影響は玉ねぎと非常に似ています。38ページで解説する調理工程写真は、33ページの玉ねぎの炒め終わりからの続きになります。

ポイント 1

どんな切り方でもOK

本書で紹介するような、トマトの原形が見えなくなるくらい炒めるカレーであれば、どんな切り方でも大丈夫です。トマトも玉ねぎと同様に、小さく均等に切れば時間を短縮でき、ムラなく炒めることができます。

ポイント 2

完熟以外のトマトでも

青っぽい若いトマトは、酸味がたち甘さが控えめなので、比較的爽やかなカレーになります。完熟トマトを使うと甘みが強いカレーに。甘みが強いと塩けも感じやすくなるので、どっしりとしたコクのあるカレーになります。生トマトを使う場合、トマトの熟し加減によっていろいろな味わいになるので、自分の好みを探してみてください。

Q トマトの品種によって違いはあるの？

A 味の違い、見た目の違いがあります

フルーツトマトやミニトマトなど、トマトにはさまざまな品種がありますが、甘いトマトを使えば甘くなるし、酸味の強いトマトを使えば爽やかなカレーになります。ジュレや果肉の部分は炒めるとペースト状になるので、原形がなくなりますが、炒めたあとも残るのは皮の部分。例えばミニトマトは、普通のトマトに比べて皮が固いので、炒めても皮が残ります。もし気になる場合は、ミキサーで撹拌してから炒めると皮も見えなくなります。

Q トマト缶も同じように使っていいの？

A 大丈夫です！

ただ、トマト缶には完熟トマトよりも、濃く甘いものがあります。そういうもので代用した場合、カレーもトマト感が強くなり甘くなります。トマト感が気になる場合は、分量を半分～3分の2ほどにして使ってもＯＫ。間違っても缶を全て使い切りたいからと多く使いすぎるのはＮＧ。トマトが強すぎるカレーになってしまいます。

ホールトマトとカットトマトはどちらでもよいと思いますが、カットトマトの方が計量しやすく、炒めやすいのでおすすめです。

上級者

Q トマトピューレやトマトペーストも使えるの？

A 使えますが、分量に注意してください

トマトピューレは基本的に濃縮されているので、濃縮倍率を計算して水を加えます。例えば3倍濃縮であれば、トマトピューレ1：水2ということになります。トマトペーストも同様に濃縮倍率によって水を加えて使用します。トマトの濃縮倍率がよくわからない、トマトジュースなどで代用したいときは、カロリーで計算します。トマト100gのカロリーは20ｋｃａｌほどなので、例えばトマトジュース100㎖のカロリーが40ｋｃａｌなら、50㎖分となります。なお、結局煮詰めて水分を飛ばすことになるので、本物のトマトよりカロリーが低いものを使うより、カロリーが高いものを使う方が最初の水量が少なくすむので効率的です。

もっと詳しく！

トマトの炒め終わりの目安は「針金状」

GOAL まで約3分！

(P.33 の 12 から続く) 角切りにしたトマトを加え、中火で熱する。

トマトは焦げ付きやすいので、最初からヘラでかき混ぜながら炒める。

全体が馴染むように炒める。

1分くらい炒めて全体的にトマトがクタッとしてきたら弱火にし、トマトをヘラで潰しながら炒める。

トマトの水分が抜けてくると、皮が丸まり尖る。これが針金状。

GOAL

全体的に実の原形がなくなり、水分が抜けてペースト状になったら、できあがり。

調味料は基本、塩のみ！

スパイスには味はありません。よく調味料と混同されがちですが、スパイスは調味料ではなく香辛料になります。味が足りないからといって、スパイスを足すのは間違いで、足りないときは塩を足します。そしてスパイスカレーに使う調味料は、基本的に塩だけ。塩というのは香りのない塩味です。塩以外の調味料（コンソメや味噌、だしなど）は、基本的に香りを持つ塩味で、こういった調味料を使用すると、スパイスの香りとケンカしてしまいます。スパイスカレーを作るときは、香りのない調味料を使うことで、スパイスの香りを最大限に引き立てることができるのです。

例えば、甘いカレーを作るときに砂糖を使うのも同じ理由です。はちみつなどは香りを持つので、スパイスの香りを引き出したい場合には使用しません。

Q 塩はどんな塩でもいいの？

A 私は粗塩を使います

塩には、精製塩と粗塩があり、ともに香りがないので、どちらを使ってもＯＫです。ただ、それぞれの味の尖り方は異なります。精製塩の要素は、基本的に塩化ナトリウムしかないので、塩味としては尖った味わいになります。粗塩の場合、塩化ナトリウムのほかに、10％ほどそれに似た化合物が含まれているため、角が丸い柔らかい塩味になります。さらに、粗塩の方が塩分濃度が低いので、料理のとき塩味の調整がしやすいというメリットもあります。私のレシピは全て粗塩の使用を前提に書かれています。

もし塩味が足りないと感じた場合は、粗塩を少しずつ足して、好みのバランスに近づけてください。ちなみに、ピンクソルトやブラックソルトなどは香りがあるので、使用は避けた方がベターです。

スパイスの香りを引き出すためには匂いのない油を使う！

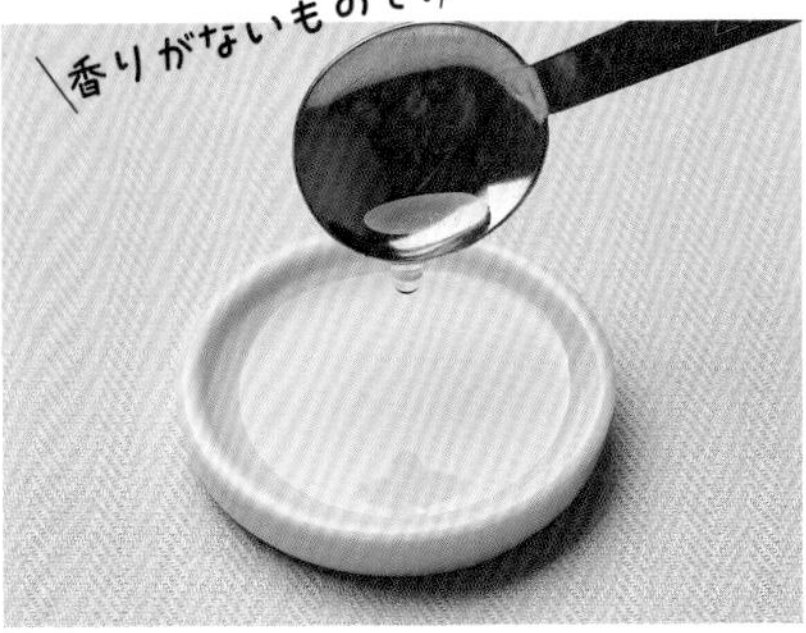

カレーには、基本的に香りのない油を使用します。考え方は塩と同じで、スパイスの香りを邪魔しないためです。具体的には米油やサラダ油を使います。ちなみにテンパリングするとき、香りのない油を使うと、純粋にスパイスの香りだけを油に移すことができます。

↓テンパリングについては62ページへ

ほかの代表的な油にオリーブオイルがありますが、炒める工程が短時間のカレーの場合や油を多く使う場合、若干仕上がりにオリーブの香りが残ります。ただし、スパイスほど強い香りはせず、カレーがおいしくなくなるということはないので、オリーブオイルが好きな人は使用してもＯＫです。

次項以降で紹介する香りのある油は、スパイスと同様にその香りをカレーにつけたいときに使用します。

Q バターは使ってもいいの？

A バターの香りをつけたいときに使用します

インドでは一般的なバターではなく、ギーを使うことがあります。ghee（ギー）とは、無塩発酵バターを煮詰めて、水分やタンパク質、糖分などを取り除いた高純度のオイルです。バターよりもミルキーな味わいで、とても濃厚で乳の香りがあります。バターの代わりにギーを使うと、この乳の香りがカレーにつきます。私はダルカレー（豆カレー）などと合わせることが多く、煮崩れた豆のトロッとしたところに、バターの柔らかい香りを合わせると、本当に濃厚で深い味わいになります。

Q インドでもサラダ油が使われているの？

A 基本的にはそうです

作るカレーによって油を変えることがあります。例えばココナッツミルク系のカレーを作る場合、その香りをもっと強調するためにココナッツオイルが使われます。ほかにも、インド特有の油でマスタードシードオイルというものがあります。これはいわゆる〝カラシ〟のような香りがある油。この油を使って作るカレーは、酸味のあるものに仕上がります。

上級者

Q バターやギーの香りがうまくカレーに移りません

A 熱しすぎていませんか？

油の香りも、熱すれば熱するほど揮発して飛んでしまいます。ココナッツオイルやバター、ギーを使うカレーを作るとき、油をずっと熱していると、香りが揮発して、カレーに残りません。熱する時間を短くするためには、最後にテンパリングするときに使うのが有効です。テンパリングは加熱時間が圧倒的に短くなるので、香りが残りやすく、少ない分量で香りをつけることができます。

↓テンパリングについては62ページへ

具材は1～2種類から始めよう

スパイスカレーにおいて具材も香りの一部。たくさんの具材を入れてしまうとそれだけ香りが増え、全体的にボケた香りになり、味にも影響します。インドカレーのなかには、具材がたくさん入ったカレーも存在しますが、はじめは1～2種類程度に抑えた方が、シンプルにおいしいカレーが楽しめます。例えば、チキンとピーマン、ひき肉とナスのように、メインの具材を1～2種で選ぶとよいでしょう。

Q 具材はどうやって選んでいるの？

A 食べ合わせがよいものを選んでいます

ほかの料理で想像してみてください。豚肉とキャベツの炒め物だったり、ナスとひき肉のミートソースだったり。基本的にほかの料理で合わさっているものは、食べ合わせがよいので、カレーで選んでも大丈夫です。組み合わせの方法は、新しく自分で生み出すこともありますが、このように既存の和食や家庭料理から組み合わせのアイデアをもらうこともしばしば。

　例えばイワシのカレーが作りたかったら、しょうがを多めに入れてみるとか、豚こまならニラを合わせてみたりとか。〝カレーだから〟と考えず日常的な料理の知識を反映してみると、新しいカレーに出会えるかもしれません。ただ、香りが強い香味野菜などを使う場合は、スパイスの香りを打ち消してしまうこともあるので、注意しましょう。

相性がよい例

鶏肉 × ピーマン

豚肉 × ニラ

ひき肉 × ナス

牛肉 × きのこ

イワシ × しょうが

豆 × トマト

カレーを煮込むときの水分の種類

にんにく、しょうが、玉ねぎ、トマト、パウダースパイスを炒めたあとに加える水分。この水分の種類によって、濃厚さや風味、とろみが変わります。よく使われるのは、牛乳やヨーグルト、ココナッツミルク、生クリームなどです。牛乳はさっぱりめで、下の図で右に行くほど脂質量が増えるのでコクも増します。ココナッツミルクや生クリームを使うときは、バターチキンやタイカレーのようなこってりしたカレーを作るのに有効です。ほかにもヨーグルトは酸味が出やすかったり、ココナッツミルクは独特の風味が足されたりと、それぞれの特徴が出たカレーになります。これらは、メインの水分量として100㎖以上加えることもありますが、水と一緒に少量を足す場合もあります。乳製品を少し加える理由は、香りに一体感を持たせるため。具材とスパイス、水だけだと、すべてが独立してまとまりがなくなってしまうことがあります。乳製品は、香りをひとつに繋いでくれる力があるのです。

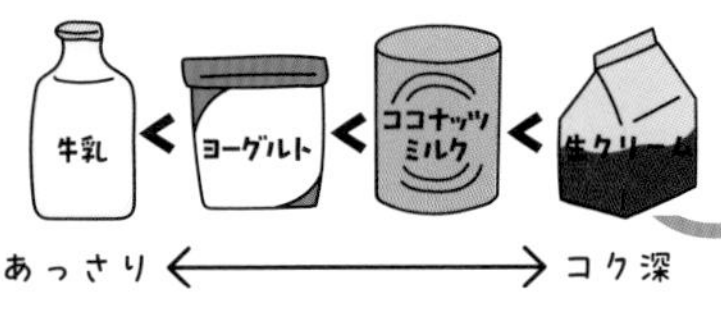

　また、具材がたんぱくな味わいの豆や野菜だけだったり、きの

こや鶏胸肉だったりする場合は、加える乳製品を濃厚にしてバランスをとります。ほかにもココナッツミルクは魚との相性がよいのでフィッシュカレーを作るときにもよく登場します。

水分量と煮る時間

カレーを煮込むときの水分量は、日本のカレーほど多くありません。例えば23ページのチキンカレーを作るとき、鶏肉が浸かるほどの水を加えて煮込んでしまう方がいますが、そのまま仕上げるとビチャビチャなカレーになってしまいます。実際は少量の水でフタをした〝蒸し煮〟のようなイメージが近いです。肉にも水分があり、煮込んでいると肉の中からどんどん水分が出てきます。基本的にレシピに書かれた水分量が正しいので、勝手に水分を追加せず、それを守るようにしましょう。

煮る時間についても同様です。鍋に入る水分に応じて、煮る時間を設定しているので、レシピに書かれた時間を守るのが基本です。ただ使うコンロによって火力が違いますし、レシピで使用した鍋より大きいものを使えば蒸発量も増えます。切る具材が大きすぎると、火が入るのに時間がかかります。このように微調整は必要ですが、レシピに書かれた時間を基準に、鍋中の様子を見ながら調理します。ちなみに、肉をおいしく煮る方法は、1時間ほど煮てほろほろにするか、火が通ったらすぐに火を止めてプリプリに仕上げるかのどちらかです。長時間煮込むのは大変ですし、短時間の方がスパイスの香りがよく残るので、私のレシピでは基本的に煮る時間は〝素材に火が通る時間〟を目安に考えています。

↓火加減など、本書のきまりは「もくじ」最後のページへ

Q レシピに書かれた水分量が少なすぎる気がするのですが

A 合っているのでご安心を！

市販のカレールウで作るカレーは、具材がヒタヒタになるくらいの水を加え、煮込んで仕上げ、最後にルウを投入し小麦粉の成分で強制的にとろみをつけるというものです。スパイスカレーは最後にとろみをつけるということはしません。とろみのあるスパイスカレーを作るときは、水分を加えた段階でややドロッとしているくらいがちょうどよいです。カレーやシチューなどで、煮込み料理の経験がある人は、スパイスカレーの水分量を少なく感じるかもしれませんが、レシピに書かれている量が正しいです。

ココナッツの香りが足されただけで、こんなに本格的に感じるなんて！
甘いココナッツミルクとほんのり苦いピーマンの相性が抜群です。

Level 2 基本のタクコでココナッツチキンカレー

基本の３つのスパイスは同じでも、ココナッツミルクを使うだけで、全く異なる味わいになります。香りの追加を楽しんでみましょう。

材料　３～４人分

- 鶏手羽元 ………… ６～８本（400g）
- 玉ねぎ（1㎜幅の薄切り）… １個（200g）
- トマト（ざく切り）……… １個（200g）
- にんにく（みじん切り）…………１かけ
- しょうが（みじん切り）…………１かけ
- ピーマン（ざく切り）……………… １個
- 水 ………………………… 100㎖
- ココナッツミルク …………… 150㎖
- サラダ油 ………………… 大さじ１
- 塩 ……………………… 小さじ１
- 黒こしょう ……………… 小さじ1/2

スパイス

- ターメリック …………… 小さじ１
- クミンパウダー ………… 小さじ１
- コリアンダーパウダー …… 小さじ１

作り方

1. 鶏手羽元は黒こしょうをもみ込んでおく。
2. フライパンにサラダ油をひき、にんにくとしょうが、玉ねぎを入れ、玉ねぎが焦げ茶色になるまで炒める。
   →玉ねぎを炒める火加減と時間の目安は 32 ページへ
3. トマトとピーマンを加え、トマトの実が潰れてしっかり水分が飛ぶまで炒める。→トマトを炒める火加減と時間の目安は 38 ページへ
4. 1とスパイス、塩を加え中火にし、２分ほど炒め合わせる。
5. 水とココナッツミルクを加え、沸騰したら弱火にし、フタをして 25 分ほど煮たら、塩（分量外）で味を調える。

玉ねぎはスライサーを使って、透き通るくらい薄く切るのが早く仕上げるコツです！

インドとスパイスと私 2

インドで食べたい カレーあれこれ

南インドではバナナの葉がお皿の代わり

インドで食べたいものといえば、やっぱりカレー！　現地に行けば街を歩くだけでいろんなカレーが食べられます。各地域でさまざまなカレーがありますが、北に行っても南に行っても、まず複数のカレーがプレートにのったカレー定食を食べるのが定番でしょう。

このカレープレートは、北インドではターリー、南インドではミールスと呼ばれます。ターリーでよく見るカレーは、とろっとした豆のカレーやパニール（カッテージチーズ）のカレー。北インドのカレーはクリーミーで濃厚な仕上がりなことが多く、主食は小麦系のチャパティやロティ、ナンなどです。銀のプレートに乗って出てくるのが一般的。対して南インドのミールスは、サラサラとした豆のカレーやココナッツミルクベースのカレーが多く、主食は基本お米。インド米は、パラパラとしているので、カレーとよく混ぜ合わせて食べます。こちらは、バナナの葉に乗って出てきたりします。南インドは手食文化があるので、食べるときは私もそれに倣います。

ターリーもミールスも、いろんなカレーを少しずつ混ぜ合わせて食べるのがおいしく、混ぜるたびに変わる味を楽しめるのがポイントです。

大きめの都市であれば、巨大ターリーを食べられることも！　グーグルマップなどで「Big Thali」と調べてお店を検索すると見つかりますよ。ただし、6〜8人前ほどと、とても量が多いので大食いを集めて挑戦しましょう。

ビックターリーは 2999 ルピー（約 5100 円）

〝カレー沼〟中・上級編①

CHAPTER 3

スパイスを操るためには

ルールがわかれば自由自在!
辛いカレーも好きなんですが
スパイスはどれを買えばいいですか?
辛みを足すには唐辛子を使います!
スパイスって種類も多くてむずかしそうなイメージありますけど
チリペッパー以外のスパイスには辛味はありません
へぇ~
辛味は唐辛子でつけるんだ!
そう!
唐辛子を粉末にしたのがチリペッパー
カレーの辛味はチリペッパーの量で調整します青唐辛子を使うときもあります

もっとスパイスを使ってみたいんだけど私でもできますか?
もちろん!
スーパーに売っているので見に行ってみます?
ラクショーですよ マジで
スーパーオーロラ
スーパーオーロラ
スパイス売り場
ズラーッ

すごい！
わ〜
こんなにいっぱい!!
ね〜？意外とスパイスってふつうに売ってるんですよ
最初に使うのがこのへん香りが持続するスパイスです
クローブ
カルダモン
シナモン
へ〜
最後に使うのがこのあたりですね香りが飛びやすいスパイス
マスタードシード
クミンシード
フェンネルシード
なるほど〜

これがカルダモン
なになに
さわやかな香りが特徴
スパイスの女王とも言われる
こっちはクローブ
ホールのまま油で熱することで…
ホール……？
ホールスパイスは粉にする前のものです
大丈夫
スパイスの使い方はルールがわかればカンタンです

スパイスカレーで使われる辛味の正体はチリペッパー

スパイスというのは、〝スパイシー〟という言葉から、全般的に辛いものだと思われがちですが、基本的にカレーを食べて辛いと感じる要因になるスパイスは、チリペッパーであることがほとんどです。さまざまなスパイスを調合したとしても、チリペッパーがそこに入っていなければ、辛いカレーにはなりません。このチリペッパーというのは、唐辛子の粉末です。ですので、日本の一味唐辛子でも基本的に代用できます。これらは、品種の違いももちろんありますが、大きな違いはその粒子の大きさ。チリペッパーは細挽きのパウダー状ですが、一味唐辛子は粗挽きになります。パウダー状だと、なじみやすく、全体にチリペッパーの辛味が行き渡ります。対して粗挽きだと、辛味はつくのですが、食べているときに粒状の唐辛子の存在を大きく感じます。

Q チリペッパーとカイエンペッパーは同じもの？

A カイエンは本来品種の名前です

カイエンペッパーは本来、カイエン種のチリペッパーという意味です。しかし、日本で売られているスパイスは、品種で分類されておらず、粒子の細かさによってカイエンペッパー、チリペッパー、レッドペッパーと名称を付け分けているようです。これは、カイエン=唐辛子という日本の風潮も影響しているようです。チリペッパーの棚にもし種類がたくさんあったら、粒子の細かさをチェックしてみましょう。ちなみに韓国唐辛子は、辛くなく独特な甘味があるので、全く別物として認識します。逆にハバネロはかなり辛いので分量に注意します。

Q チリパウダーとチリペッパーは同じもの？

A 全く別物です

インドでチリパウダーといえば、純粋な粉末状のチリペッパーのことですが、日本で売られているチリパウダーは、チリペッパーを主体にクミン、オレガノ、パプリカパウダーなど数種類のスパイスを合わせた複合スパイスであることが多いです。辛味成分は入っていますが、チリペッパーほど辛くないのと、さまざまな香りのスパイスが含まれているので、スパイスカレーを作るとき、チリペッパーの代用にはなりません。

Q 最初に赤唐辛子（ホール）を油で炒めるのも辛味をつけるためなの？

A 風味をつけるためです

唐辛子は、粒子が細かければ細かいほど辛味の成分が出やすくなります。これは、粒子が細かいほど表面積が大きくなるからです。逆に粗ければ粗いほど風味が残りやすくなります。

また、唐辛子の辛味成分は、種がついているワタの部分に多く含まれます。丸のままのホールを炒めたとき、全く辛味が出ないわけではありませんが、油には主に唐辛子の風味が移っていきます。逆に辛味を出したい場合は、輪切りにすると辛味成分が出てきます。

Q チリペッパー以外でも辛味はつけられるの？

A つけられます

カレーにチリペッパーが使われる理由は、加熱調理したときに辛味が残りやすいからです。ホースラディッシュやわさび、マスタードの辛味は揮発成分なので、加熱調理すると飛んでしまいます。これを前提にチリペッパー以外で辛味がつけられるのは、左記のものです。

青唐辛子

辛味とともにピーマンのような植物のフレッシュな香りをつけることができます。

ブラックペッパー

黒こしょうのこと。チリペッパー同様、粒子が細かいほど辛味を強く感じます。

山椒系

花椒や山椒、ネパールのティムル山椒などが代表。少し舌に残るような辛味が特徴です。

Q 青唐辛子とチリペッパー、なにが違うの？

A 風味が異なります

どちらも辛味をつけるために使うものですが、青唐辛子は辛味のほかにもピーマンやシシトウのような青っぽいフレッシュな香りがあります。私は加えれば加えるほどおいしくなるスパイスだと思っています。もちろんそれだけ辛くなりますが（笑）。もしこの風味をつけたく、辛味が必要ないのであれば、同じ分量のピーマンやシシトウで代用できます。ちなみに、日本で人気の柚子胡椒ですが、こちらの辛味のメインも青唐辛子です。

逆にチリペッパーの風味は、辛味のほかに果実が完熟したような甘い香りやフルーティーさがあり、カレーに加えると味のしっかりとした土台になることがあります。辛味が苦手で、この甘い香りをつけたいときは、乾燥のパプリカパウダーで代用するとよいでしょう。

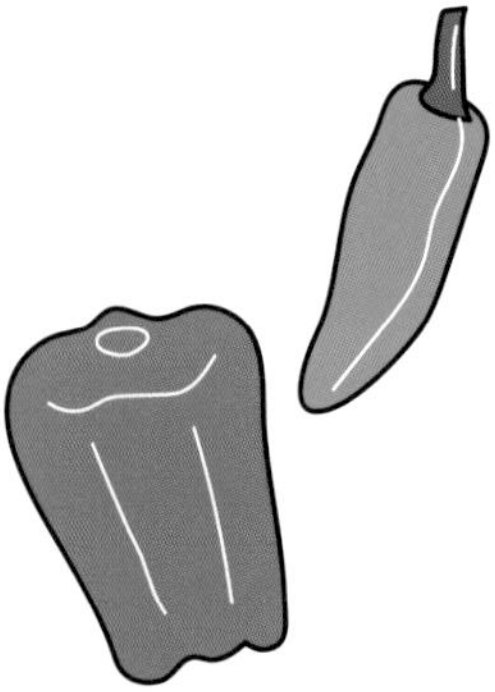

もっと詳しく

なぜ辛いものが好きなのか。辛ければ辛いほどいい!?

唐辛子には、辛味成分であるカプサイシンのほかにも、旨味成分であるグルタミン酸が多く含まれています。つまりチリペッパーを入れたカレーとそうでないカレーとでは、入れたカレーの方が旨味が強くなります。また、辛味というのは、味覚神経ではなく、痛みなどを感じる三叉《さんさ》神経を通して認知します。人は痛みを感じると、痛みを和らげようとして、脳がβ-エンドルフィンという物質を出します。β-エンドルフィンはモルヒネと同じような作用があり、鎮痛効果や気分の高揚、多幸感をもたらします。これによって、辛味の刺激も和らげられますが、同時になんだか気持ちいい気分になってしまうんです（笑）。この現象が、辛いカレーを食べた直後のフワ～ッとした多幸感につながっているといわれます。

フワ～ッとする感覚はすぐに消えますが、痛みをマヒさせる状態が完全に消えるのは、48時間後といわれています。この間に立て続けに辛味を投入すると、辛味を強く感じなくなっていきます。

ちなみに、辛い食べ物が好きなのは人間だけだといわれています。さまざまな哺乳類での実験がありますが、マウスに辛いものを与え続け、ある時期で中断し、しばらく経ってから辛いものと辛くないものを選択させた実験では、どのマウスも辛くないものを選んだという結果になりました。人間はマウスと違って、単に辛いものを摂取するのではなく、おいしいものと一緒に辛いものを摂取します。おいしいものを食べて、β-エンドルフィンによる多幸感を感じる。これが学習記憶されて、辛いものが好きになるといわれています。

Q 辛いカレーが好きなのですが、ずっと食べていて大丈夫？

A メリットとデメリットがあります

チリペッパーはカレーに旨味と甘味も追加してくれるので、足せばおいしいカレーになります。なので辛いのが大丈夫な人は、よりおいしいカレーに出会えるチャンスが多いといえます。しかし、辛味というのは痛み刺激なので、食道や胃の粘膜を刺激します。普通の量であれば問題ありませんが、唐辛子の過剰な摂取は胃痙攣を起こしたりと、体に不具合が出てくるのでおすすめはしません。ただし、日本で市販されているカレーの辛口程度であれば、全く問題ありません。

Q 唐辛子以外で旨味成分を足す方法はないの？

A パプリカパウダーで代用しましょう

前述したように、唐辛子にはグルタミン酸が含まれるので、入れれば入れるほど旨味が追加されます。しかし、それだけ辛くなってしまいます。辛いものが苦手な人は、チリペッパーの代用としてパプリカパウダーを使用します。パプリカパウダーはチリペッパーと同じ香りや旨味を持ちますが、辛味はありません。

Q どうして辛いものを食べると汗をかくの？

A 体が誤認識しているから

辛味は痛覚という話をしました。この痛覚を認知する部分は、舌の受容体で、43℃以上の温度に反応する受容体と同じところが使われています。このため、カプサイシンを摂取すると、体温が43℃以上あると誤認識して汗をかいてしまうと考えられています。

チリが入るだけで、同じタコで作ったとは思えないほど、味変します。
お好みでパクチーを散らせば、エスニック感アップ！

Level 3 基本のタクコ+辛味スパイスで旨辛キーマカレー

辛味成分を追加することにより、旨味がアップします。チリペッパーを増減して、自分の好みを探してみましょう。

材料　3～4人分

合い挽き肉……………………400g
玉ねぎ（みじん切り）………1個（200g）
トマト（ざく切り）…………1個（200g）
にんにく（みじん切り）…………3かけ
しょうが（みじん切り）…………1かけ
青唐辛子（輪切り、シシトウやピーマンでも代用可）…………………1本
ヨーグルト（無糖）……………… 50g
サラダ油……………………大さじ1
塩 …………………………小さじ1
パクチー（好みで。ざく切り）…… 適量

スパイス
クミンパウダー ……………小さじ2
コリアンダーパウダー ……小さじ2
ターメリック ……………小さじ1/2
チリペッパー ……………小さじ1/2
（マイルドな辛味がよければ小さじ1/4、激辛は小さじ1）
ブラックペッパー …………小さじ1/2

→ターメリックライスの炊き方は80ページへ

作り方

1 フライパンにサラダ油をひき、にんにくとしょうが、玉ねぎを入れ、玉ねぎが焦げ茶色になるまで炒める。

→玉ねぎを炒める火加減と時間の目安は32ページへ

2 トマトと青唐辛子を加え、トマトの実が潰れてしっかり水分が飛ぶまで炒める。→トマトを炒める火加減と時間の目安は38ページへ

3 スパイスと塩を加え、30秒ほど炒め合わせる。

4 ひき肉を加えて中火にし、肉を混ぜながら2～3分炒める。

5 肉に火が通ったら、よくかき混ぜたヨーグルトを加え、塩（分量外）で味を調える。仕上げに好みでパクチーを散らす。

青唐辛子の辛味をなくして風味を残したいときは、同分量のピーマンやシシトウを入れましょう。

チリペッパーの代わりにパプリカパウダーを使うと辛味を和らげることができます。

買いそろえたい順で紹介する
スパイスガイド

スパイスは大きく分けて、パウダースパイス（粉末）とホールスパイス（粉末にする前のもの）があります。パウダースパイスは、植物の種子や根茎、果実などを乾燥させ、粉末にしたもの。主に、材料に下味をつけたり、調理の途中で使います。ホールスパイスは、植物の種子や根茎、果実などを乾燥させ、原形を保ったもの。香りはゆっくりと抽出されるので、最初に油と一緒に熱し、最後まで煮て香りを出します。一部のホールスパイスはテンパリングにも使われます。

ここで紹介するスパイスは、買いそろえたい順番でまとめました。すでに紹介している「タ」「ク」「コ」はカレーの土台（ベース）になるような香りでした。その先は、どんどん個性を出していくスパイスとなります。

↓ホールスパイスを買う理由については62ページへ

※ここで紹介するルールはカリー子流のルールです。

肉 ＝ 肉料理と相性◎

魚 ＝ 魚料理と相性◎

野 ＝ 野菜や豆料理と相性◎

ス ＝ スターター。主にはじめに油で熱するスパイス（ホールスパイスの場合）

↓スターターについては62ページへ

テ ＝ テンパリング。主にテンパリングで使用するスパイス（ホールスパイスの場合）

↓テンパリングについては62ページへ

① ＝ カートに入っている数字は、買いそろえたい順番を示しています。

それぞれのアイコンの意味はここを参考にしてね！

ターメリック　肉 魚 野

市販されているカレー粉にも主材料として使われている。ホールもあるが、パウダーが一般的。黄色の色素の主成分であるクルクミンは脂溶性のため、油と合わせるときれいな黄色になる。魚や肉の臭み消しに有効で、ごはんと混ぜて炊けばターメリックライスになる。

クミン　肉 魚 野

カレー粉やガラムマサラの主材料として使われる、「カレーらしい香り」の代表的スパイス。クミンシードを粉末状にしたもので、パウダーはシードよりも甘い風味と強い香りが楽しめる。カレーに限らず、和食や洋食、デザートのアクセントとしても使用できる。

コリアンダー　肉 魚 野

パクチーの種をパウダー状にしたスパイス。葉とは風味が全く異なり、甘く爽やかでレモンのような軽い香りがある。料理の味をまとめる調和のスパイス。食物繊維が豊富でたくさん加えても臭くなりにくく、カレーにとろみをつける役割もある。

パプリカ　肉 魚

辛味がない唐辛子の仲間「パプリカ」を乾燥させパウダー状にしたスパイス。カレーに赤色をつける役割もある。辛味が苦手な人は、チリの代わりに使用すれば、辛味を追加せず旨味だけを引き出してくれる。

チリペッパー　肉 魚 野

赤く熟した唐辛子を乾燥させてパウダー状にしたスパイス。カレーに辛味をつけ、旨味を引き出してくれる唯一のスパイス。ひとくちに唐辛子といっても、色や形、大きさ、辛味、風味などが異なるタイプが約3000品種ある。

4 スターアニス

肉 魚 ス

別名では八角。名の通り、8つの頂点をもった星形の果実を乾燥させた、もっとも東洋的な香りを放つスパイス。独特の強く甘い香りを持ち、濃厚な肉のカレーやビリヤニなどを作りたいときに使う。長時間加熱してゆっくり香りを抽出する。

5 カスリメティ

肉 野

フェヌグリークという植物の葉を乾燥させたもの。ふんわりとした甘味のあるマイルドな香りが特徴。バターチキンカレーや煮込み料理の仕上げに少し入れるだけで、香りをまとめ、本格的な味わいにしてくれる。

6 マスタードシード

肉 魚 野 テ

マスタード（からし菜）の種を乾燥させたもの。乾燥状態では無臭だが、油で熱するとナッツのような香りを放つ。香りは飛びやすいので、スパイスカレーではテンパリングに多用される。すり潰すと酸味が出る。

7 クミンシード

肉 魚 野 ス テ

パウダーにする前のクミン。インド料理ではテンパリングに多用されるほか、野菜炒めやごはんを炊くときにも使われている。インド全土で広く使われているスパイスのひとつ。一粒かんだだけで、口の中に芳香が広がる。

2 ブラックペッパー

肉 魚 野

熟す前のこしょうの果実を摘みとり、乾燥させてパウダー状にしたスパイス。野生的で爽やかな香りと、ピリッとした強い辛味が特徴。チリペッパーのようにカレーでは辛味付けとして使われる。粗挽きとパウダーでは辛味の出方や風味に違いがある。

3 カルダモン (ホール / パウダー)

肉 魚 ス

コリアンダーよりも軽い香りを追加してくれる。香りの特徴としてはミントやレモンのような爽やかなもの。この香りを追加することによって、コク重視だったカレーに、一気に爽快な香りが加わる。使う分量の目安は4人前で5粒以下くらい。パウダーなら小さじ1/4ほど。

3 クローブ (ホール / パウダー)

肉 魚 ス

刺激的で弾けるような軽い香りと、鼻に残るような深く甘い香りの両方を持ち合わせたスパイス。カレーに加わることにより、キレ味のよい甘い香りを演出してくれる。使う分量の目安は4人前で5粒以下くらい。パウダーなら小さじ1/8ほど。

3 シナモン (ホール / パウダー)

肉 魚 ス

シナモンにはセイロンシナモンとカシアがあり、私のおすすめはカシア。カシアの方が煮込みに強く、深い甘い香りをつけてくれる。使う分量の目安は4人前で5cm程度。パウダーなら小さじ1/4ほど。

8 チリホール

肉 魚 野 ス テ

赤唐辛子を乾燥させたもの。スーパーで売られている鷹の爪とインドのものは品種が違うが代用可能。スタータースパイスとして使うこともある。辛味成分のカプサイシンは熱に強いので、加熱しても辛さは変わらない。

9 フェヌグリークシード

魚 野 ス テ

フェヌグリークという植物の豆を乾燥させたもの。そのままかむと強い苦味があるが、じっくり火を通すと苦味が弱まり、メープルシロップのような甘い香りになる。スタータースパイスとして使う場合は、加熱時間を短くする。

10 ブラウンカルダモン

肉 ス

前述のカルダモンとは別種で、別名ビック（ブラック）カルダモンともいわれる。少量でスモーキーな深みのある香りを引き出せる個性的なスパイスのひとつ。肉のカレーと相性がよく、煮込むほど香りがよく出る。

11 フェンネルシード

魚 野 テ

フェンネルという植物の種を乾燥させたもの。甘い香りのあとにスーッと抜ける爽やかな風味があり、魚のカレーと相性がよい。インドでは食後の口直しとして、氷砂糖と一緒にかむ習慣がある。

12 カレーリーフ

肉 魚 野 テ

南インドやスリランカのカレーには欠かせないハーブで、柑橘系の香りが特徴。乾燥していると香りが弱くなるので、生の葉を使うとよい。香りが飛びやすいのでテンパリングとして使う。育てることもできるため、自家栽培もおすすめ。

13 ヒング

野 テ

ジャイアントフェンネルという植物の根からとれる樹液を粉末にしたスパイス。そのままだと南国の果実のような甘い香りがするが、油と加熱すると、玉ねぎやにんにくのような風味になる。インドでおなじみのスパイス。

14 ベイリーフ

肉 魚 ス

インドのシナモンの葉を乾燥させたもの。柔らかく軽い香りを調和する役目のハーブで、香りの強い肉や魚のカレーと相性がよい。日本で売られているローリエとは別種だが、代用はできる。

15 ナツメグ

肉

ニクズクという樹木の種を乾燥させてパウダー状にしたもの。主に肉の臭み消しとして使用する。加熱することで刺激的な香りが和らぎ、甘い香りに変化し、特有の甘くスパイシーな香りがプラスされる。

どうしてホールスパイスを買うのか

ほとんどのホールスパイスには、パウダーも存在していて、どちらも買うことができます。なぜパウダーとホールを使い分けているのかというと、香りの強さが理由です。例えば、カルダモンやクローブ、シナモン。これらは非常に特徴的な香りで、パウダーで使用すると少し加えただけで、かなり強烈な香りがカレーについてしまいます。パウダースパイスだと香りの微調整が難しくなるのです。

　その点、ホールスパイスは、ゆっくり香りが抽出されていくので、非常に上品に仕上がります。ただし、煮込み時間が短いカレーを作る場合、あえてこれらをパウダーで使用して、香りを追加する場合があります。

Q スターターとテンパリングってどう違うの？

A 料理の工程によって使い分けます

テンパリングとは、全般的にスパイスを油で熱して香りを出すことを指します。さらにカレー作りの最初と最後、どちらに使うかで、2種類に区別できます。最初にホールスパイスを油で炒めて、香りを抽出する方はスターター。油と一緒に炒め、香りを抽出した油を最後にカレーにかける方は、そのままテンパリングといいます。

　スターターの場合、ホールスパイスはそのまま鍋の中に残り続け、煮ているときも香りが出続けます。つまり、香りの出にくいスパイスほど、スターターから始まります。

　対してテンパリングは、完成したカレーに、油で炒めたスパイスをジュワッとかけます。これは香りがたつのが早いスパイスに向いています。ホールスパイスは、基本的にこのどちらかの方法で使用し、スターターとテンパリング、両方使うカレーもあります。

　煮込み時間の短いカレーは、スターターではなく、テンパリングのみで仕上げることもあります。

Q ホールスパイスをパウダーにして使ってみたい！

A 分量に注意して使用しましょう

前述したように、ホールスパイスをホールのまま使う理由は、香りが強すぎるから。その強い香りを持ったスパイスをパウダーにすると凄まじい匂いを放ちます。例えばカルダモン5粒のホールをパウダーに置き換えると小さじ⅛〜¼ほど、クローブ5粒なら小さじ⅛ほど、シナモン5㎝なら小さじ¼以下が目安です。また、すり潰すと香りが変わってしまうスパイスもあります。例えばマスタードシード。ホールのまま油で炒めるとナッツのような香ばしい香りが出てきますが、パウダーにすると酸味が出てきます。

スタータースパイスとして、最初にフライパンに投入するホールスパイスも、パウダーにすると香りが飛びやすくなるので、投入のタイミングはほかのパウダースパイスと同様のタイミング、または完成間近に加え、全体に馴染ませます。

Q クミンパウダーの代わりにクミンシードは使えるの？

A 代用できません

クミンシードは、油でしっかり熱さないと苦味があるため、パウダーの代用としては使えません。どうしても代用したい場合は、ミルなどですり潰します。

また、パウダーとホールではスパイスの香りの立ち方が全く異なります。例えばゴマ。すりゴマと炒りゴマでは、香り方が異なりますよね。歯で噛んで潰したときに風味が立つのか、口に含んだ瞬間に香りが広がるのかで、感じ方が変わると思います。ホールにはホールの使い方、パウダーにはパウダーの使い方があります。同様に、チリペッパーやブラックペッパーも粗挽きやパウダーなどいろいろな種類があるので、注意しましょう。

ホールスパイスが入ること
で、深いスパイスの香りが
プラスされました。
辛味と酸味が融合したビン
ダルー。こんなカレーも
あったんだ！

玉ねぎはスライサーを
使って、透き通るくらい
薄く切ります。

5では、しっかりフタをし
ないと水が蒸発して焦げて
しまうので注意しましょう。

Level 4 ホールスパイスを使ってポークビンダルー

インドのゴア地区にポルトガル人によって伝えられた西洋料理が、スパイスと融合して生まれたカレー。独特の酸っぱさとさまざまな香りが楽しめます。

材料　3～4人分

豚肩ロース肉（ひと口大に切る）･･･400g
玉ねぎ（1㎜幅の薄切り）････1個（200g）
トマト（ざく切り）･･････････1個（200g）
にんにく（すりおろし）･･････････1かけ
しょうが（すりおろし）･･････････1かけ
水･････････････････････････100㎖
赤ワインビネガー（白ワインビネガーやバルサミコ酢でも代用可）･････････50㎖
サラダ油･････････････････････大さじ1
塩･･････････････････････････小さじ1
砂糖････････････････････････小さじ1
パクチー、ピンクペッパー（好みで）･･･各適量

パウダースパイス
コリアンダー･･･････････････小さじ2
クミン･････････････････････小さじ1
ターメリック･･････････････小さじ1/2
パプリカ･･････････････････小さじ1/2
チリペッパー･･････････････小さじ1/4
ブラックペッパー･･････････小さじ1/4

ホールスパイス（あるものだけでOK）
カルダモン･･････････････････5粒
クローブ････････････････････5粒
シナモン････････････････････5㎝
スターアニス････････････････1個

作り方

1 フライパンにサラダ油とホールスパイスを入れ、中火で熱する。

2 カルダモンが膨らんだら、にんにくとしょうが、玉ねぎを加え、焦げ茶色になるまで炒める。→玉ねぎを炒める火加減と時間の目安は32ページへ

3 トマトを加え、トマトの実が潰れてしっかり水分が飛ぶまで炒める。
→トマトを炒める火加減と時間の目安は38ページへ

4 豚肉とパウダースパイス、塩、砂糖を加え中火にし、2分ほど炒め合わせる。

5 ワインビネガーと水を加え、沸騰したら弱火にし、フタをして10分ほど蒸し煮にしたら、塩（分量外）で味を調える。仕上げに好みでパクチーをのせ、ピンクペッパーをふる。

スパイスは、多ければ多いほど本格的になるわけではない

あなたが使用しているスパイスが少ない場合、例えば、3つから4つに、4つから5つに、という段階であれば、スパイスが足されるごとに、香りのレイヤーが増え、豊かな風味を感じることができるでしょう。つまり、スパイスを足せば足すほどより本格的になったと実感できるはず。しかし、10種類や20種類ともなると、1つ追加しても変化の幅が小さくなり、その変化にだんだん気づけなくなります。こだわってスパイスをたくさん使うのは楽しい作業ですが、何のためにスパイスを追加するのか考えてみましょう。

スパイスは具材の香りを引き立てたり、カレーに華やかさを追加するために使います。スパイスひとつひとつの香りをよく知った上で、足りない香りや欲しい香りを補っていきます。やみくもにいろいろな種類を入れればよくなるわけではなく、入れれば入れるほど香りの複雑さも増します。スパイスの香りが増えすぎると、メインの肉や魚の香りすらも目立たなくなってきて、素材のよさがわかりにくくなります。カレーの厚化粧状態といえるでしょう。

Q カルダモンの中の種は出した方がいいの？

A カルダモン感を増したいときは潰します

カルダモンの種を出す＝潰すということになりますが、潰すことで表面積が増え、香りが強くなります。カルダモンの香りが大好きな人やカルダモンの香りを引き立てたい場合は、殻から出して潰して使います。ただし、殻から出し、潰せば潰すほど香りは飛びやすくなります。究極的には、カルダモンのパウダーを使うことが一番香りを強めてくれますが、すぐに香りが飛んでしまうので、最後に加えるなど、使うタイミングが重要です。

Q ホールスパイスはいつ取り除くの？

A 食べながら、または煮込んだあとに取り出すのがベターです

私はカルダモンやクミンなどであればそのまま食べてしまったり、カレーを食べながら取り除いています。食べながら取り除くのはちょっと手間だなあと思う方もいるかもしれませんが、もはや慣れで、インド人もそうして食べています。

もし、どうしても食べながら取り除きたくない場合は、完成してから一個ずつ拾って除くか、油で炒めたあとホールスパイスを空のティーパックに入れて、フライパンに投入するという方法があります。この方法なら煮込んだあとに、ティーバックごと取り出せます。煮込まずに、炒めてすぐ取り除いてしまうのは、香りが弱くなるのでおすすめしません。

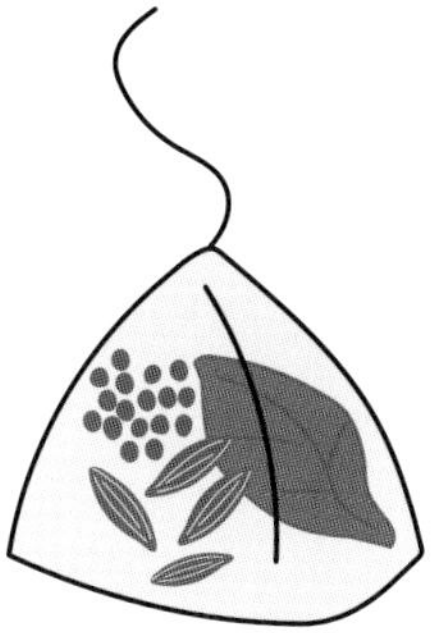

Q クローブが好きなのですが、クローブだけ増やしてもいいの？

A OKです！

クローブに限らず、自身の好きなスパイスの香りを増やしたいとき、お好みで量を増やしても大丈夫です。香りを増やすときに使うスパイスは、ホールスパイスがおすすめです。ホールスパイスは、パウダースパイスと違い微調整が可能。また、増やしすぎてしまった場合でも、途中で取り除けば、それ以上香りが追加されることなく、煮込み続けるうちにどんどん落ち着いてきます。

もし増やしても香りの変化が感じられない場合、そもそものスパイスが香らない状態になっていることが考えられます（例えば茶色く変色したカルダモンなど）。そのときは、スパイスの保存状態を確認し、しっかり香っているかチェックしましょう。香っていない場合は新しいものを購入します。

↓スパイスの保存の仕方は70ページへ
↓スパイスを増やせる可変域については108ページへ

軽い香り族と重い香り族

スパイスはすべて同じように香るわけではありません。香りは、軽い香りと重い香りの大きくふたつに分けることができます。

軽い香りのスパイスは、化学的には、テルペン類というものに属することが多く、カルダモンやフェンネルなど、緑色をしているものが多いです。その特徴は、香りが揮発しやすく、最初にフワッと立ち上ること。例えば香水のトップノートのようなイメージ。テルペン類のスパイスは香りが熱や水分量によって変化しやすいので、乾燥させたり、煮たり炒めたりすると香りが弱くなっていきます。

対して重い香りのスパイスの多くは、フェノール類に属します。茶色っぽい見た目をしているものが多く、シナモンやクローブ、スターアニスなどが当てはまります。香りの化学構造自体が変化しにくいので、煮たり炒めたりしても持続的に香ってくれます。また香りが油だけではなく水に溶ける特徴もあるので、煮込んでも香りを抽出することができます。

軽い香り族のスパイスは、すぐに香りが飛んでしまうので、スタータースパイスには向かず、テンパリングや料理の最後に少しかけて風味付けに使ったりします。逆に重い香り族は、すぐには香りが出てこないので、スタータースパイスとしてフライパンに投入し、じっくり時間をかけて香りを抽出していきます。

↓スターターとテンパリングについては62ページへ

上級者

Q テルペン類のカルダモンがスタータースパイスなのはなぜ？

A 殻に守られているから

テルペン類に属するカルダモンですが、重い香り族と同様の方法で使用されます。この理由は殻があるから。カルダモンの香りを出す部分は、殻の中にあります。殻ごと入れることにより、ゆっくり香りを抽出できるのです。パウダーで使う場合は、すぐに揮発してしまうのでスターターでは使用しません。

すりたてのスパイスと熟成させたスパイス

ホールスパイスをミルなどで粉砕してパウダー状にしたり、オリジナルのカレー粉を作ったりすることがあります。これらはすりたての方が香りがよいのでしょうか。それとも少し落ち着かせて熟成させた方がよいのでしょうか。答えは「どちらもよい」です。例えば市販のカレー粉は、粉にしてから熟成期間を設けている場合が多く、熟成させることでそれぞれのスパイスの香りが落ち着きます。厳密にいうと軽い香りがある程度飛んで、重い香りだけが残り、全体にまとまりのよいものになります。素材と合わせやすい傾向にあり、日本のカレーや欧風カレーなどに向いています。

　対して、すりたての場合は、全てのスパイスが鮮やかに香っている状態になります。これを使うと、香りが華やかになり、食欲を鼻から刺激するようなカレーになります。香りを重視するインドカレーなどに向いています。要するに、熟成させたスパイスは香りの土台になり、すりたてのスパイスは瞬間的な香りを追加してくれます。

Q　スパイスを使う前に煎るのはなんのためなの？

A　スパイスの香りを軽減させて香ばしい焙煎の香りをつけるため

市販のカレー粉には、スパイスを煎ってから使いましょう、と書かれている場合があります。またスリランカだと、ローストカレーパウダーというものが売っていたりします。スパイスの香りは揮発性で、熱を加えると飛んでしまうのに、なぜわざわざ煎るのでしょうか？　それは焙煎の香りをつけるため。例えばコーヒーの深煎りを想像してください。少し焦げたような香りがあると思います。スパイスも煎ることにより少しビターな香ばしい香りがつきます。また、焙煎することにより、スパイスの強すぎる香りが抑えられ、素材との調和がとりやすくなります。

　カレー粉でなくても、スパイスを煎る場合はあります。通常のインドカレーを作るとき、玉ねぎとトマトを炒めたあと、具材とパウダースパイスを加えて、弱火で軽く炒めますが、これもスパイスの生っぽい香りを軽減させるために行っています。さらに、インドでは豆を煮るだけのカレー（サンバルなど）で野菜を炒める工程がないカレーを作るとき、スパイスを煎って焦がすことで、焙煎の香りをつけたりします。

Q 余ったスパイスはどうやって保存したらいいの？

A 高温、湿気、直射日光の3つを避けて！

ポイント1

高温を避ける

熱くなってしまう電化製品などの上の棚やコンロの火の影響を受ける場所などはNG。香りは揮発成分なので、温度が上がれば上がるほど、どんどんスパイスの香りが飛んでしまいます。

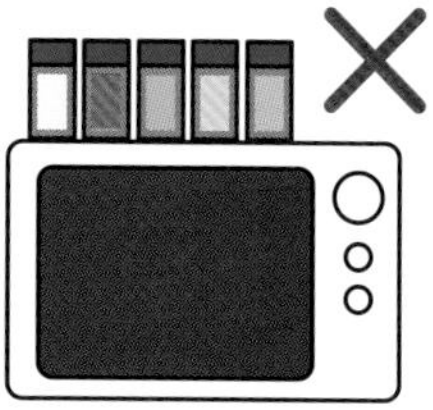

ポイント2

湿気を避ける

冷蔵庫の中もNGです。冷蔵庫自体は乾燥していますが、冷蔵庫から取り出した瞬間、結露が発生して濡れてしまいます。冷蔵庫から取り出したあと常温に戻るまでフタを開けなければ、内側に結露はしませんが非効率的です。スパイスは植物を乾燥させたもので、かつて生きていた天然の素材。もともと植物なので、湿気に触れた状態が長く続くと、カビが発生したり虫がわきやすくなります。

ポイント3

直射日光を避ける

高温になるのを防ぐために直射日光は避けます。また、スパイスには香りをつける役割のほかに色づけという重要な役割もあります。色素は、化学的に紫外線を吸収しやすい構造になっています。直射日光に当てておくと、どんどん退色してしまいます。特にターメリックやパプリカ、カイエンペッパーなどはその反応が如実。前述のように、高温になると香りも飛んでしまうので、香りもなく色も綺麗でないとなると、スパイスの役割が果たせなくなってしまいます。

管理する場所は

常温で温度変化が少ない場所で管理します。私の場合は、直射日光が当たらなく、コンロの熱も届かないキッチンの棚の中です。

Q スパイスの保存容器はどんなものがいいの？

A スパイスの用途に合わせて選びましょう

私はさまざまなものを使っていますが、銀色のアルミケースやプラスチックボックスなどが多いです。たくさん使うスパイスは、量を入れることができ、間口が広く、計量スプーンの大さじが入るものを選びます。密閉度合いについては、スパイスの品質保持の観点では変わりません。

キャプテンスタッグ スパイスボックス
印度カリー子監修／オープン価格

キッチンにスパイスの匂いが広がるのを防ぎたい方は、密閉できる容器を選んでください。ちなみに私は気にしていません。

また、スーパーで買ってきたスパイスを小瓶から直接使うときは、湿気が入らないように注意。計量スプーンが瓶に入らないからといって、蒸気の立つ鍋に直接振りかけるのは厳禁です。

Q 服についたターメリックって落ちるの？

A 退色する性質を利用します

前述のスパイスの紫外線による退色を利用して落とすことができます。ターメリックが付着した面をすぐに洗い、1週間ほど天日干しすると、どんどん退色して色が薄くなります。ちなみに、白い皿についた場合は、軽く温めた少量のサラダ油を皿にたらし、少し置いてからキッチンペーパーなどで拭き取ります。その後、中性洗剤をごく少量の水でのばしてスポンジでこすり洗います。ターメリック色素の温かい油に溶けやすい性質を使った裏ワザです（左写真参照）。

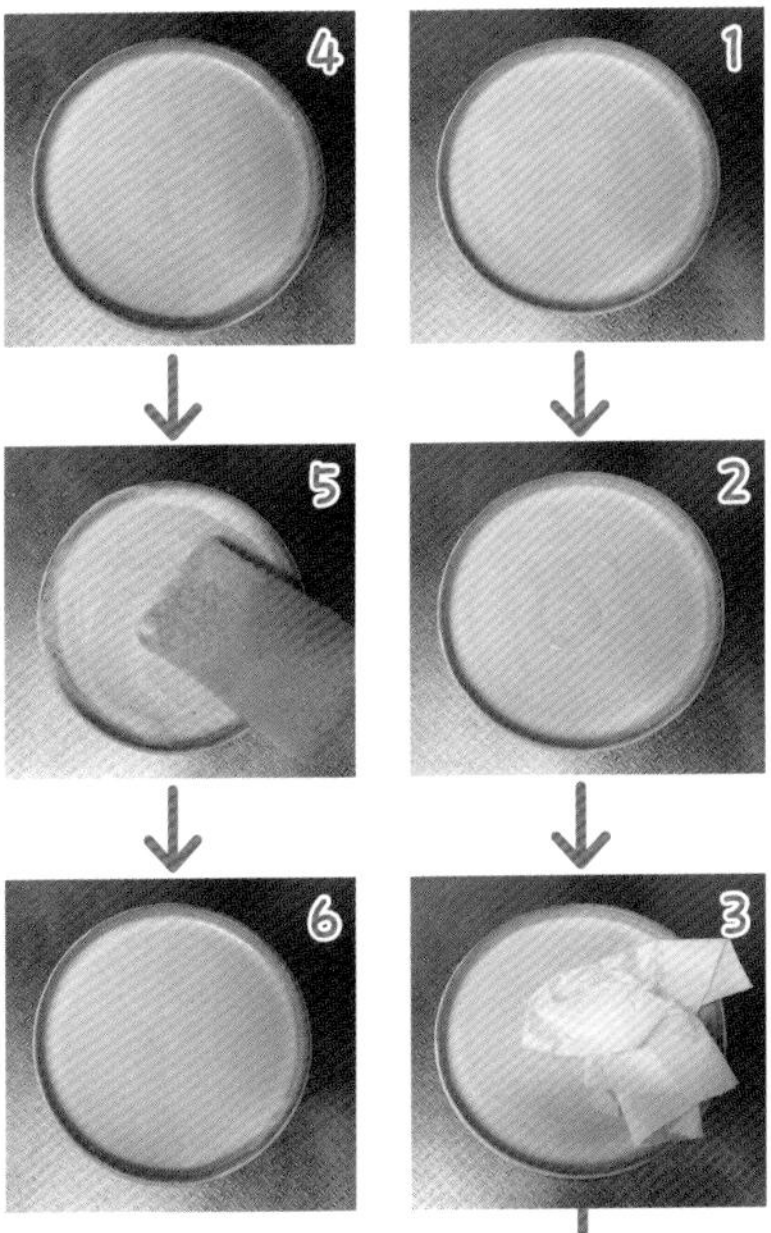

Level 5

テンパリングで仕上げる イワシとオクラのカレー

魚と相性のよいスパイスをテンパリングで加え、最後に立ち上るような香りをつけます。

材料　３～４人分

イワシ（頭とワタをとり３または４等分）……４尾
オクラ（3cm長に切る）……８本
トマト（ざく切り）……１個（200g）
玉ねぎ（1mm幅の薄切り）……1/2個（100g）
にんにく（みじん切り）……1かけ
しょうが（みじん切り）……1かけ
サラダ油……大さじ１
塩……小さじ１
A｜タマリンド（種を除いた梅干しで代用可）……15g
　｜ぬるま湯……300mℓ

パウダースパイス
コリアンダー……大さじ１
クミン……小さじ１
ターメリック……小さじ1/2
チリペッパー……小さじ1/2

テンパリングスパイス（あるものだけでOK）
マスタードシード……小さじ1/2
フェヌグリークシード……小さじ1/4
クミンシード……小さじ1/4
カレーリーフ……10枚

作り方

下準備　Aのタマリンドはぬるま湯でふやかしておく。タマリンドの殻の繊維が多い場合は揉んで果肉だけを出し、繊維は取り除く。

1 フライパンにサラダ油を入れ、にんにくとしょうが、玉ねぎを入れ、玉ねぎが焦げ茶色になるまで炒める。

→玉ねぎを炒める火加減と時間の目安は32ページへ

2 トマトを加え、トマトの実が潰れてしっかり水分が飛ぶまで炒める。

→トマトを炒める火加減と時間の目安は38ページへ

3 パウダースパイスと塩を加え、30秒ほど炒め合わせる。

4 Aのタマリンド（ふやかしたぬるま湯ごと）とイワシを加え、沸騰したらフタをして15分ほど煮る。

5 オクラを加えさらに2分ほど煮る。

ここからテンパリング

6 小さなフライパンにサラダ油大さじ1（分量外）とマスタードシードを入れ、中火で熱する。

7 マスタードシードがはね始めたら弱火にし、フェヌグリークシードを加える。

8 マスタードシードのはねが治まってきたら、クミンシードを加える。

9 クミンシードが泡を立てて全体に浮かんできたら火を止め、カレーリーフを加え、2～3秒後に油ごと5の鍋に注ぐ。

マスタードシードを熱すると種が弾けるので、油の中に種を沈めるようにし、軽くフライパンを揺すりながら熱しましょう。
カレーリーフはよくはねるので、加えるときは十分に気をつけて！

インドとスパイスと私 3

銀食器はインドで買う！

インドに行った時に必ず行くところといえば、インド食器店。ステンレスの器、プレート、コップなどの食器のほか、カレーやチャパティ作り（P.82）で使える調理器具も買うことができます。日本だと種類が少なく値段も高いですが、インドだと大体五分の一ほどの値段で買えます。

さまざまな銀食器が所狭しと並べられている

マサラボックスは420ルピー（約710円）

今回買ったのは、マサラボックス。インド式のスパイスケースです。マサラボックスは7つのスパイスがひとつにまとめられるのがポイント。カレーは複数のスパイスを同時に使うことが多く、マサラボックスなら個々のスパイスのフタを一つひとつ開ける必要がなく、とても便利。また日本で売られているスパイスの小瓶とは違い、大さじも入る大きさで調合もしやすいです。ただし密閉式ではないので香りがもれることも。また、割とサイズが大きいので頻繁に使わない人には邪魔になるかも。しょっちゅうカレーを作る人向きのスパイスボックスです。さほど頻繁に使わない人は、4個入り密閉式のスパイスボックス（P.71）がおすすめです！

さまざまなお店が立ち並ぶインドで、食器店だけを見つけるのはなかなか難しいです。探して見つからなければ現地の人に聞くのがベター。ホテルやタクシーの人に画像を見せて、インド食器が買える店を探しているんだけど……？ といえば大体場所を教えてくれます。

重いので買い過ぎ注意！（笑）

“カレー沼”中・上級編②

CHAPTER 4

スパイスカレーの主食と副菜

マハラジャ
ぱく
ん〜
カルダモンの香りがいい〜!
自分で作るようになってスパイスの香りがわかるようになりました!
レストランで食べるカレーも前よりおいしく感じるんです
食べていて楽しいですよね!

あれ?
それはなんですか?
これは玉ねぎのアチャール
食べてみてください
アチャールとは
インドのピクルスのこと。玉ねぎやにんじん、なす、きゅうりなどを酢やオイルで漬け込んだもの
ん
へ〜!
すっぱくてちょっと辛い!
それもカンタンに作れますよ!
でもそのまま食べるのではなく…

カレーとごはんと混ぜて
アチャールも一緒に食べてみてください
カレーと？
……!!
すごい！またちがう風味と食感が加わっておいしくなった！
このバスマティライス(※)でも食べてみてください

※インドの長粒米

また新しい香りが！しかもパラパラで混ぜやすい！
ですよね！

主食と副菜のおいしい組み合わせ

濃厚なカレー×チャパティ（P.82）×玉ねぎのアチャール、サラッとしたカレー×バスマティライス×ナスのモージュなど。主食と副菜の組み合わせによってカレーの味わいは無限に広がります。

どうしよう！
もうあと戻りできないかも!!
ようこそカレー沼の入り口へ

長粒米や小麦系も主食に試して！

インド料理屋さんでターリー（定食）を頼むと、大きな平皿に乗って、スパイスカレーと一緒にナンやごはんが出てきます。このごはんは黄色いごはんだったりするのですが、これはほとんどがターメリックライスです。どうして黄色いごはんなのかというと、単純に見た目が映えるから。ほかにもインド米のバスマティライスというものがあります。日本の米よりも長くパラパラとしていて、米自体に独特の香りがあり、スパイスカレーとよく合うのでおすすめです。

さらに、小麦系の主食としてナンがとても有名ですが、ほかにもチャパティやロティなどがあります。これらの使い分けは、スパイスカレーの種類によって変えています。例えばバターチキンなどの濃厚なカレーが主流の北インドカレーでは、ナンやチャパティなどがよく合います。サラッとしていてスパイシーで、豆や魚、野菜カレーなどが多い南インドカレーでは、お米がよく合います。

↓チャパティについては82ページへ

Q ターメリックライスはどうやって炊くの？

A 炊く前によく混ぜ合わせましょう

ターメリックライスは普通の炊飯器でもかんたんに炊くことができます。2合のお米に対して、ターメリックパウダーを小さじ1/4ほど加え、通常と同じ量の水を入れたら、お米全体に馴染むようによくかき混ぜてから、炊飯のスイッチを押します。混ぜずに炊くと、色ムラが出てしまいます。

Q ターメリックのほかに調味料は必要ないの？

A 必要ありません

塩やバターを入れるレシピをたまに見ますが、私はなにも入れません。ターメリックライス単体でおいしくするというよりも、カレーを食べるために作るので、ごはん側に塩分は加えません。油分も同様です。ただこれはあくまでも好みなので、加えたい人は加えてよいと思います。

バスマティライスでスパイスカレーを食べてみよう

バスマティライスはインドの長粒米で、花やミルクのような特有の柔らかい香りがあります。バスマティライスは昔は湯取り法という独特の方法で炊かれていました。湯取り法とは、たっぷりの湯で米を茹でて、ザルで水気を切り、蒸らすというもの。なぜこの方法が主流だったかというと、お米に混じった石などを取り除くためだったり、電力が安定していなかったためといわれています。現代ではインドでも炊飯器を使うのが主流になっています。

また、バスマティライスは、炊くときの水の量が日本米よりも多い傾向にあります。例えば私が使っているラルキラのバスマティライスは、1カップの米に対し、2カップの水が必要です。これは日本米の倍量で、炊ける量も1.5倍になります。だから、日本米と同じだけ食べてもカロリーが抑えられちゃうハッピーライスなのです。

Q バスマティライスは炊飯器で普通に炊けるの？

A 炊けます

ただし、バスマティライスの種類によって、水分量が変わったりします。また、日本の炊飯器でふつうに炊くとお米が折れてしまうことがあるので、早炊き機能を使った方がよい場合もあります。これは何度か試して、そのお米に合った方法を探すしかないのですが、パッケージの裏に水分量などが書かれていればそれに従います。

湯取り法での炊き方

材料

バスマティライス ………………… 2合
水 ………………………………… 2ℓ

作り方

1 洗った米と水を鍋に入れ30分以上浸水させたら、強火にかける。

2 沸騰したら弱火にし、7～10分ほど煮る。

3 ときどきかき混ぜながら、一粒、指で潰してみて、かんたんに潰れるようになったら、ザルにあけ、鍋の水を捨てる。

4 あいた鍋に米を戻し、すぐにフタをして10分ほど蒸らす。

北インドで主食とされている粉物たち

インドのナンは、日本で食べられているものよりも硬め。それを汁気の少ないカレーにつけ、カレーをつかみながら食べるのが主流です。北インドにはナンのほかにも、チャパティやロティなど小麦粉で作る主食が多くあります。ただ、北インドの家庭では、ナンよりもチャパティが一般的です。

インドでナンを作るときに使われているタンドールは、内部がかなり高温になります。この高温のおかげで、投入してから2分ほどで焼きあがります。短時間で焼き上げるのが、おいしいナンを作る秘訣。家庭でこれを再現するのは、なかなか難しいので、インドの家庭では無発酵かつ、フライパンで作れるチャパティがよく作られています。

無発酵チャパティの作り方

材料

アタ（細挽き・全粒粉）※ ‥200g
水 ……………………150mℓ
油 ……………………大さじ1
塩 ……………………小さじ1/4

ボウルにアタと塩、油を入れ、均一になるように箸で混ぜる。

水を少しずつ加えながら、箸で混ぜ合わせる。このとき時計回りに、一方向に混ぜ続ける。

水を加えていると、ぼそぼそとかたまりができる。サラサラの部分に水を入れながら、混ぜ進めるとムラができにくい。

水を全て加えて、水分が全体に回ったところ。

※アタはインドの家庭でよく使われる全粒粉の小麦。アジア系の輸入食材店やネットで購入できます。

軽く手のひらでこねて、ひとまとまりに丸める。このとき、パンを作るときのように、一生懸命こねず、軽くで OK。

乾燥しないようにラップをして 30 分ほどおく。こうすることで、水気が生地に十分に広がりのばしやすくなる。

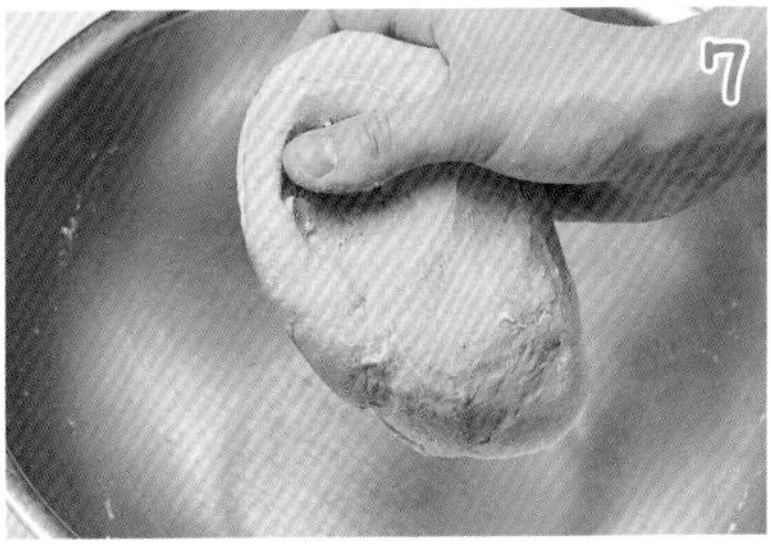

6 を 30 回ほど、ムラがなくなるように手でこねる。

生地を 8 等分し、丸める。

のし台に打ち粉をして、8 をひとつずつ、15 〜 20cm ほどの円形にのばす。

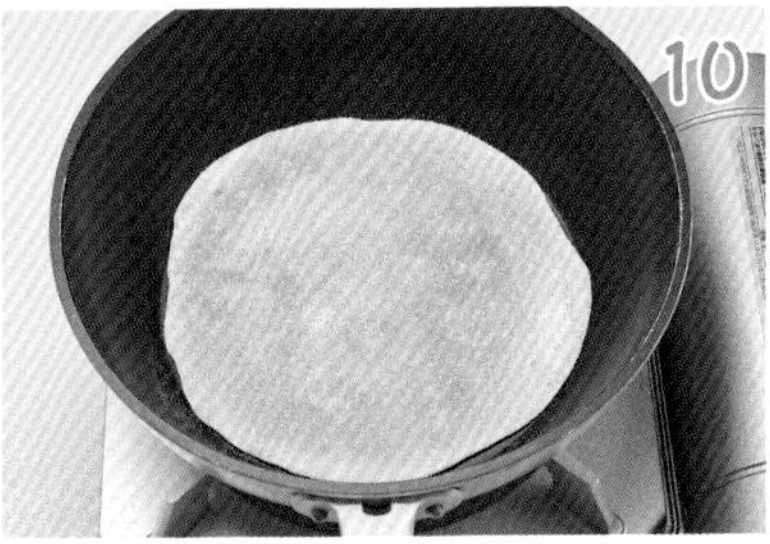

弱火で温めたフライパンに 9 を入れ、両面 1 分ほど焼いてできあがり。火力が弱い IH などの場合は 2 分ほどに調整する。

CHECK

最後に生地を直火で炙ると、風船のように膨らみます。インドではこの作業をやることがありますが、5 秒以上炙ると生地が燃えて危険なのでやらなくても OK。

POINT

できたチャパティの粗熱が取れたら、すぐチャック付きポリ袋に入れておくと、生地の柔らかさが保たれ、このまま冷凍保存もできます。

スパイスカレーに合う副菜ってなんだろう

副菜には、野菜が使われることが多いのですが、野菜とスパイスを合わせるときにも香りを意識します。野菜のなかには、ネギやセロリ、春菊などのように香りが強いものもあれば、じゃがいもやナスなど香りが少ないものもあります。スパイスの香りを引き立たせるためには、香りの少ない野菜を使うようにします。

副菜の種類はさまざまあり、アチャールやポリヤル、サブジ、トーレン、アヴィヤルなどなど、作られる地方によって名前や入るスパイスが変わったりしますが、基本的に漬け物や炒め物になります。さまざまな野菜でこれらを作ることができるのですが、どの野菜にどのスパイスを合わせるのかが、副菜を作るときに重要なポイントになります。ルールとしては、香りが強い野菜を使う場合は、野菜の香りもスパイスの香りのひとつと捉えて、使用するスパイスの数や量を減らします。一方で香りが弱い野菜を使う場合は、スパイスの香りを優先させ、野菜は味で生かすようにまとめていきます。

Q スパイスカレーはよく混ぜた方がおいしいの？

A はい。混ぜ方を2通り紹介します

ひとつ目は、カレーとごはんを混ぜながら食べること。特にバスマティライスの場合は、このほうがおいしく食べられます。日本のお米はモチモチしているし、そもそもごはん自体がおいしいので、混ぜずにカレーをかけて食べてもおいしく食べられます。対して、バスマティライスは、パサパサしていて、単体で食べるとあまりおいしくありません。カレーとよく混ぜることで、米がさらにふんわりと柔らかくなってカレーにもとろみがついてきます。手食であれば、お米を潰しながらカレーと揉み合わせるようにし、かつ空気を含ませ、柔らかいカレー玉みたいなものを作ってから食べる。これがおいしいカレーの食べ方なのです！

ふたつ目は、副菜なども一緒に混ぜて食べること。インドのアチャールはかなり濃い味付けになっています。日本の塩辛のようなイメージ。それだけで食べると、酸っぱすぎたり、辛すぎたりします。全体的に混ぜ合わせることによって、アチャールの濃さを緩和できます。また、カレーと混ぜることによって、辛味を追加できたり、味に変化をつけることができます。例えばプレートの上に副菜が3つあれば、いろいろな掛け合わせで

カレーを楽しむことができますね。カレーも副菜も一気に全部を混ぜてしまうのではなく、少しずつ混ぜながら食べ進めると、最後の一口まで飽きずに、食べることができます。

↓バスマティライスについては81ページへ

Q 何のアチャールがおすすめですか？

A 魚をアチャールにすると便利ですよ

アチャールの定番は野菜ですが、私がよく作るのは魚のアチャール。ようは、甘酢漬けになるので、アチャールにすることによって、日持ちします。魚を多く買ったときなどは、アチャールにしておくと便利です。なかでも冬の定番は、白子のアチャール（88ページ）。コツは新鮮な白子を使うことです。これは本当においしいので、ぜひ作ってみてください。ほかには、野菜のアチャールでいえば、玉ねぎのアチャール（86ページ）も食べやすくておすすめです。

↓アチャールのレシピは86ページから

Q 手で食べた方がカレーっておいしいの？

A 私は基本的に手を使います

スプーンで混ぜるのと、手で混ぜることとの違いは、圧倒的に手の方が混ぜやすく、効率的によく混ぜることができるということ。また、口に運んだときに、最初にスプーンが口に当たるよりも、カレーとごはんだけが、ポッと口に入る方がおいしく感じます。私は、手食ができる環境のときは手食をしますが、そうでないときは、箸を使います。少し行儀が悪いですが、箸でクルクルと混ぜながら食べると、スプーンよりも手食の雰囲気に近くなります。

少し想像してみてください。欧米人におにぎりを出したとします。もしも彼らがおにぎりをナイフとフォークで食べていたら、我々は、「おにぎりは手づかみで、かぶりついた方がおいしいよ！」って、いいたくなると思うんです。それと原理は似ていて、手食に慣れているインド人が、スプーンで食べている我々を見ると、同じような感覚を抱くのかなと思います。

玉ねぎのアチャール

スパイスカレーと相性バッチリ。食べやすいようにアレンジしたので、これだけでもおいしく食べられます！

作り方

材料をポリ袋に入れ、よく混ぜて、冷蔵庫に5時間以上置く。

辛味をつけたい場合は、チリペッパーを小さじ 1/4 ほど足してみよう！

材料　3～4人分

玉ねぎ（あれば新玉ねぎ・5㎜厚さに切る）
……………………1個（200g）
塩 ……………………… 小さじ 1/2
レモン汁 ……………………大さじ 1
砂糖 ………………………小さじ 1

スパイス

パプリカパウダー …………小さじ 1
コリアンダー …………小さじ 1/2
ターメリック …………小さじ 1/4

ブリのアチャール

使う魚は切り身でもぶつ切りでもOK！　ブリのほかに鮭やイワシ、さんま、マグロ、めかじき、血抜きをした血合いでも作れます。

作り方

1 フライパンにサラダ油とマスタードシードを入れ、中火で熱する。マスタードシードがはね始めたら弱火にする。

2 マスタードシードのはねが治まりかけたら **A** を加え、弱火のまま30秒ほど炒め合わせる。

3 水と酢、砂糖を加えて沸騰させる。

4 ブリを加え、1分ほど煮立たせたらフタをして、火を止める。余熱で15分ほど放置して中まで火を通す。

5 粗熱をとってから冷蔵庫で冷やす。

材料　3～4人分

ブリ（一口大に切る）
　……………200g（切り身3切れほど）
水 …………………………………… 200㎖
酢 …………………………………… 大さじ1
砂糖 ………………………………… 小さじ1
サラダ油 …………………………… 小さじ1
マスタードシード ……………… 小さじ1/2

A
にんにく（すりおろし）…… 小さじ1
しょうが（すりおろし）…… 小さじ1
塩 …………………………………… 小さじ1
ターメリック …………………… 小さじ1/2
チリペッパー …………………… 小さじ1/4
カレーリーフ …………………… 10枚

白子のアチャール

白子はなるべく新鮮なものを使いましょう。プリッとした食感の白子とスパイスが合わさった奥深い味わいがたまらなくおいしいですよ。

作り方

1 フライパンにサラダ油とマスタードシードを入れ、中火で熱する。マスタードシードがはね始めたら弱火にする。

2 マスタードシードのはねが治まりかけたら**A**を加え、弱火のまま30秒ほど炒め合わせる。

3 水と酢、砂糖を加えて沸騰させる。

4 白子を加え、1分ほど煮立たせたらフタをして、火を止める。余熱で15分ほど放置して中まで火を通す。

5 粗熱をとってから冷蔵庫で冷やす。

材料　3～4人分

真だらの白子（一口大に切る）……200g
水……200㎖
酢……大さじ1
砂糖……小さじ1
サラダ油……小さじ1
マスタードシード……小さじ1/2
A
にんにく（すりおろし）……小さじ1
しょうが（すりおろし）……小さじ1
塩……小さじ1
ターメリック……小さじ1/2
チリペッパー……小さじ1/4
カレーリーフ……10枚

じゃがいものココナッツマサラ

マスタードシードを熱すると種が弾けるので、油の中に種を沈めるようにし、軽くフライパンを揺すりながら熱しましょう。

材料　3～4人分

A
- じゃがいも（一口大に切る）……3個（400g）
- 玉ねぎ（みじん切り）……1/8個
- しょうが（せん切り）……1かけ
- 青唐辛子（3等分に切る）……1本
- 塩……小さじ1
- 黒糖（砂糖でも可）……小さじ2
- ターメリック……小さじ1/2
- 水……200mℓ

B
- ココナッツファイン……大さじ5
- クミンパウダー……小さじ1/2
- ブラックペッパー……小さじ1/2

テンパリング
- マスタードシード……小さじ1/2
- クミンシード……小さじ1/2
- カレーリーフ……10枚ほど

作り方

1 フライパンに**A**を入れ、軽く混ぜたら弱火で10分ほど煮る。

2 じゃがいもが柔らかくなったら、中火にし水気を飛ばす。

3 ほとんどの水気がなくなったら、**B**を加えて混ぜ合わせ、火を止める。

ここからテンパリング

4 小さなフライパンにサラダ油大さじ1（分量外）とマスタードシードを入れ、中火で熱する。

5 マスタードシードのはねが治まりかけたら、クミンシードを加える。

6 クミンシードが泡を立てて全体に浮かんできたら火を止め、カレーリーフを加え、2～3秒後に油ごと3の鍋に注ぐ。

ナスのモージュ

カレーリーフとターメリックを入れるとき、素早く入れなければ焦げてしまうので、慣れてない場合は一度火を消して、落ち着いて作業します。

作り方

下準備

・ナスは細切りにして塩をまぶし、10 分以上おいて水気をキッチンペーパーなどでよく拭き取る（これをすることで余分な油を吸わなくなる）。

・カルダモンは粗く潰す。

1 フライパンにサラダ油大さじ 1 をひき弱火で熱し、ナスを入れ、全体的に茶色く、ひと回り小さくなるまで、弱～中火で 5 ～ 8 分焼く。ナスは取りおく。

2 1 のフライパンに残りのサラダ油を入れ中火で熱し、マスタードシードとカルダモンを入れる。

3 マスタードシードのはねが治まりかけたら、弱火にし、ターメリックとチリペッパー、カレーリーフ、**A** を加えて混ぜ合わせる。

4 水とナスを加え、汁気がなくなるまで煮詰める。

5 粗熱をとってから冷蔵庫で冷やす。

材料　3 ～ 4 人分

ナス ････3 本（200g・長ナスなら 2 本）

A
- 赤ワインビネガー（米酢でも可）････････････････････････大さじ 2
- 砂糖 ･････････････････････････大さじ 1
- にんにく（すりおろし）････小さじ 1
- しょうが（すりおろし）････小さじ 1

塩 ･････････････････････････････小さじ 1

サラダ油 ･････････････････････大さじ 2

水 ･････････････････････････････50㎖

スパイス

- カルダモン ････････････････････2 粒
- マスタードシード ･･････････小さじ 1/2
- ターメリック ･･････････････小さじ 1/2
- チリペッパー ･･････････････小さじ 1/4
- カレーリーフ ････････････････10 枚

インドのチャイ

一般的な紅茶は、80～90℃の温度で抽出するのがおいしいとされていますが、インドのチャイは、スパイスと一緒に紅茶をグツグツ煮ながら抽出します。絶対に原液で飲めないような渋いものができあがり、それにミルクと砂糖を加えて飲みます。

西洋の紅茶というのは、香り高いものが多いですが、チャイに使われる紅茶は、アッサムという、香りがしない紅茶を使用します。紅茶に香りがない分、スパイスで香りを立てて仕上げます。チャイはミルクティーと言い換えられますが、私たちが飲み慣れているものとは全く異なり、スパイスの香りが立った濃厚で甘い飲み物です。

カリー子流 インド式チャイの作り方

材料　2～3人分

A	アッサム茶（CTC※）	大さじ1
	水	200㎖
	しょうが（薄切り）	1切れ
	カルダモン	2個
	クローブ	2個
	シナモン	2㎝
	ベイリーフ	1枚
B	牛乳	200㎖
	砂糖	大さじ1

※ CTCは「Crush, Tear and Curl」の略で、茶葉を砕き、裂いて丸めるタイプの製法を指し、甘味と独特のコクが出ます

作り方

1 小鍋に**A**を入れ沸騰させ、5分ほど弱火で煮る。

2 水の量が1/3くらいになるまで煮詰まったら、茶こしなどで、しょうがとスパイス、茶葉を取り除く。

3 **B**を加え、一煮立ちさせてできあがり。

1でしっかり煮出すとスパイスがよく香り、深い味わいになります。また、スパイスの香りは甘みと一緒だと、よりよく感じます。私は上記の材料で、砂糖を倍量にした甘さが、一番好きですが、このレシピでは飲みやすいように甘さ控えめにしました。お好みで調整してください。

インドとスパイスと私 4

インド旅行で おすすめカレー土産

インドでカレーのお土産を買うなら、おすすめのお店はHaldiram's。インド全土にあり、日本にも一部のお菓子やレトルトカレーが輸入されているくらいのインドの代表的な食品メーカーです。ここのカレーやインド菓子はどれもおいしく、比較的安価なのに可愛いデザインなので、お土産にピッタリ。空港の中にもちらほら見かけますし、街の中にあるお店ではテイクアウトで軽食が食べられることもあります。

レトルトカレーは菜食カレーのみ

Haldiram'sにはたくさんの商品がありますが、私のおすすめは、日本では手に入らない、お湯を注ぐだけで作れるインスタントカレーです。

濃厚な黒豆カレー！

カップラーメン的なノリの乾燥カレーライスで、お湯を注いで8分待つだけでおいしい本格インドカレーが食べられます。疲れている時、何も作りたくない時にこれがあると救われた気持ちになります。軽いので登山をする人の途中のご飯にもオススメ。このシリーズにはビリヤニもあります。

ほかにも、カレーとライスがセットになっているレトルト食品もよいでしょう。ごはんも一緒に湯煎するだけでカレーライスができるのでとても便利！ライスなしのレトルトカレー単体はもちろん、スパイシーなミックスナッツなども病みつきになります。

ちなみにインドの甘い系のお菓子もたくさん売られていますが、かなり甘いので人にあげる場合は要注意。甘すぎて食べられなかった……などといわれてしまうことも。

カレー味のオートミール（右下）も美味

“カレー沼”番外編

CHAPTER 5

スパイスカレーに役立つエトセトラ

とある日曜日…
ぐつ
ぐつ
ジュー
コト
コト
そろそろ
みんな来るかな
ピンポーン

こんにちは～
おじゃまします～す！
こんにちは～!!
いらっしゃい
いいにおい！
は～い みんな こんにちは！
どうぞ座って～
わ～
すご～い
おいしそ～!!
じゃがいものココナッツマサラ
玉ねぎのアチャール
ヨーグルト
チャパティ
フィッシュカレー
ターメリックライス
チキンカレー
キーマカレー

あ～おいしかった！
ねえねえ私もカレー作り結構慣れてきたんだけどいろいろ聞いていい？
もちろん！私がわかることなら
ホールスパイスって何を使ったの？
えーっとカルダモンとクローブと……

え
私も
聞いていい!?
あー
うん!
ダイエット中は?
え
ちょっと
待って
たくさん作りたいときは?
2日目が
おいしいの?
スパイスって—
子供は—
あ
カリー子さん!!
教えて!
うむ
おまかせください!

子どもでも食べられるスパイスカレーを作りたい

基本的に小さな子どもや妊婦さんでもスパイスカレーは食べられます。ただし、過剰摂取は禁物。どんな食べ物でもそうですが、ひとつのものを過剰摂取することは、そもそも体によくありません。また、スパイスカレー＝辛いものと思われがちですが、これまで言及した通り、辛さはチリペッパーによるものなので、辛くないカレーももちろん作れます。さらに、スパイシーさを目立たなくし、まろやかにすることも可能。ここでは、子どもでも食べられる辛味ゼロの甘いカレーの作り方を紹介します。

↓ターメリックライスの炊き方は、80ページへ

スイートバターチキンカレー

材料　3〜4人分

鶏もも肉（一口大に切る）………400g
にんにく（すりおろし）………小さじ1
しょうが（すりおろし）………小さじ1
トマト缶（カット）………1缶（400g）
水 …………………………100mℓ
生クリーム（乳脂肪分35%以下）…100mℓ
カシューナッツペースト
　カシューナッツ ………………50g
　水 ……………………………100mℓ
　→ともにミキサーにかける。なめらかにならない場合は、ナッツを一晩、分量の水に浸けたり、ゆでてからミキサーにかけると粒が残りにくい。
バター ……………………………10g
砂糖 ……………………………大さじ2
塩 ………………………………小さじ1

パウダースパイス
　パプリカ ………………大さじ2
　コリアンダー …………大さじ1
　クミン …………………大さじ1

ホールスパイス（あるものだけでOK）
　カルダモン ………………5個
　クローブ …………………5個
　シナモン …………………5㎝
　スターアニス ……………1個

仕上げのスパイス
　カスリメティ（あれば可）
　………………………ひとつまみ

作り方

1 フライパンにバターとホールスパイスを入れ、中火で1分ほど熱する。

2 バターが焦げないように注意しながら、にんにくとしょうがを加える。

3 香りが立ってきたら、トマトを加える。

4 トマトの原形がなくなり、半量くらいになるまで炒めたら弱火にし、パウダースパイスと塩、砂糖を加えて炒め合わせる。

5 鶏肉と水、カシューナッツペースト、カスリメティを加え、沸騰したらフタをし、10分ほど蒸し煮にする。

6 生クリームを加えてかき混ぜ、最後に塩（分量外）で味を調える。

5で蒸し煮にするとき、焦げやすいので、途中でフタを開けてかき混ぜます。

濃厚なカレーなので、チャパティ（P.82）とも相性抜群！　辛味をつけたいときは、小さじ1/2ほどのチリペッパーを4で加えます。

掲載レシピの倍量を作りたいときがある

本書掲載のレシピは、基本的に3〜4人分を想定して作っています。でも、来客のときやキャンプでみんなに振る舞うときなど、4人分以上作りたいけど、レシピは単純に倍でいいのかな？と悩むこともあると思います。そのときは単純に倍量でOKです。ただし、水以外。水は増やさずそのままの量にしてください。スパイスカレーにとって、水分量はとても大事です。倍に増やした材料から必要な水分が出てくるので、煮るための水は増やさなくても補えます。もし仕上がりが濃かったり、ドロドロしすぎていたら、最後に好みの量の水で調整します。

倍量チキンカレー

材料　6～8人分

- 鶏もも肉（一口大に切る）……800g
- 玉ねぎ……2個（400g）
- トマト……2個（400g）
- にんにく（みじん切り）……2かけ
- しょうが（みじん切り）……2かけ
- 水……150mℓ
- ヨーグルト（無糖）……100g
- サラダ油……大さじ2
- 塩……小さじ2

パウダースパイス

- ターメリック……小さじ2
- クミン……小さじ2
- コリアンダー……小さじ2

作り方

下準備
・玉ねぎはみじん切りにして、電子レンジ（600W）で6分ほど加熱しておく（予め熱することで、時短になる）。
・トマトはざく切りにして、玉ねぎとは別に電子レンジ（600W）で4分ほど加熱しておく（予め熱することで、時短になる）。

1 フライパンにサラダ油をひいて強めの中火で熱し、にんにくとしょうが、玉ねぎを加えて、玉ねぎが焦げ茶色になるまで炒める。
→玉ねぎを炒める火加減と時間の目安は32ページへ

2 トマトを加え、実が潰れてしっかり水分が飛ぶまで炒める。
→トマトを炒める火加減と時間の目安は38ページへ

3 スパイスと塩を加えたら、1分ほど炒め合わせる。

4 水と鶏肉、よくかき混ぜたヨーグルトを加え混ぜ、沸騰したらフタをして、15分ほど蒸し煮にする。

5 鶏肉に火が通ったら、塩（分量外）で味を調える。

玉ねぎやトマトを炒めるとき、量が多いので水分が飛びにくいですが、ここでしっかり飛ばすことが大切です！　肉の量が多く、火が通りにくいので、蒸し煮中は、何度かかき混ぜましょう。
ヨーグルトはよくかき混ぜて、なめらかにしてから加えると、ダマになりません。ホールスパイスなどを加えたい場合もP.65やP.99の倍量でOKです。

ダイエット中はベジカレーを食べよう

そもそもスパイスカレーは、日本のルウカレーに比べて油を少なく調整できます。なのでダイエット中こそ、スパイスカレーを食べるべきだと思っています。

インドでは、菜食主義の方が多く、レストランでカレーを頼むときは、ベジかノンベジかを選べることが多いです。ベジタリアン向けのカレーは種類がたくさんあって、ヘルシーで食べやすいものも多いので、おすすめです。

ここで紹介するレシピは、玉ねぎ、トマト以外の主役の野菜を全部で150gほど使います。この分量さえ守れば、好きな野菜で代用してもOKです。例えば、小松菜やカブ、カブの葉、にんじん、カリフラワー、じゃがいも、ズッキーニなど。いろいろなベジカレーを作ってみましょう。

豆と野菜のカレー

2で混ぜるとき、おかゆのようなとろみになるまでを目指します。

材料　3～4人分

赤レンズ豆（皮なし、ひきわり）…100g

A
- 玉ねぎ（みじん切り）…1/4個（50g）
- トマト（ざく切り）……1/4個（50g）
- 塩……………………小さじ1

B
- タマリンド（種を除いた梅干しで代用可）……………………………10g
- ぬるま湯………………600mℓ

サヤインゲン（3cm長さに切る）……5本

パプリカ（インゲンと同じ長さと幅に切る）……………………………1/4個

ナス（5mm厚のいちょう切り）……1本

パクチー（ざく切り）……………1株

パウダースパイス
- コリアンダー……………小さじ2
- チリペッパー……………小さじ1/2
- ターメリック……………小さじ1/4

テンパリングスパイス（あるものだけでOK）
- マスタードシード………小さじ1/2
- クミンシード……………小さじ1/2
- フェヌグリークシード…小さじ1/8
- カレーリーフ……………10枚
- ヒング……………………小さじ1/4

作り方

下準備
- 赤レンズ豆は、2～3度水を変えながら洗う。
- **B**のタマリンドはぬるま湯でふやかしておく。タマリンドの殻の繊維が多い場合は揉んで果肉だけを出し、繊維は取り除く。

1 フライパンに赤レンズ豆と**A**、**B**（ふやかしたぬるま湯ごと）を入れ中火にかけ、沸騰したら弱火にし、フタをしないで20分ほど煮る。※フタをすると噴きこぼれることがある。

2 水がほとんどなくなり、豆が崩れるほど柔らかく煮えたら、ヘラやホイッパーなどでしっかり潰しながら混ぜ、優しいとろみをつける。

3 パウダースパイスとサヤインゲン、パプリカ、ナスを加え、フタをして5分ほど蒸し煮にする。

4 野菜が柔らかくなったら火を止め、パクチーを加え、塩（分量外）で味を調える。このとき、水を加えて好みのとろみにしてもよいが、加えた場合は必ず塩で味を調える。

ここからテンパリング

5 小さなフライパンにサラダ油大さじ1（分量外）とマスタードシードを入れ、中火で熱する。

6 マスタードシードがはね始めたら弱火にし、フェヌグリークシードを加える。

7 マスタードシードのはねが治まってきたら、クミンシードを加える。

8 クミンシードが泡を立てて全体に浮かんできたら火を止め、カレーリーフとヒングを加え、2～3秒後に油ごと4の鍋に注ぐ。

スパイスを使って、いろんな料理を作ってみよう

スパイスカレーのためにスパイスを買ったはいいものの、余らせてしまった、という方も多いと思います。そんなときは、カレー以外の料理にも使ってみましょう。例えば、ターメリックなら魚と相性がよいので、干物に少し振って焼いてみたり、コリアンダーはトマトと相性がよいので、ナポリタンやトマト系のスープに振りかけてみたり。

普段の料理にも、実はスパイスを使うことができるんです！　ここでは、おすすめのスパイスおかずを紹介します。

具だくさんのスパイス豚汁

材料　丼で４～５人分

豚薄切り肉……………………300g
大根（いちょう切り）……1/2 本（300g）
にんじん（半月切り）…… １本（150g）
ごぼう（斜め薄切り）…… １本（100g）
長ネギ（斜め薄切り）…… １本（100g）
こんにゃく（アク抜きをして一口大に切る）
……………………1袋（250g）
しめじ ……………………1袋（200g）
だしパック……１袋（顆粒だしでも可）
水 ……………………500mℓ

しょうゆ …………………大さじ２
みりん ……………………大さじ２
塩 …………………………小さじ１

パウダースパイス
ターメリック …………小さじ 1/2
クミンパウダー ………小さじ 1/2
コリアンダー …………小さじ 1/2
チリペッパー
…………小さじ 1/4 ～（お好みで）

作り方

1 鍋にごぼう、大根、にんじん、こんにゃく、しめじ、だしパック、水、スパイスの順で入れフタをし、中火にかける。

2 沸騰したら弱火にし、さらに 30 分ほど煮込む。

3 豚肉と長ネギ、しょうゆ、みりん、塩を加え、豚肉の色が変わったらすぐに火を止める。

3 で豚肉を加えるとき、煮るのは１分ほどで十分。豚肉も長ネギも余熱で火を通す感覚でOK です！

まだまだあるよ！

おいしいスパイスおかず！

やみつき！ ピーマンのスパイス肉詰め

さばの味噌煮缶で作る！さばじゃが

※ YouTube 上で公開しているため、サイトの不具合や都合等で視聴できないことがあります。

スパイスカレーにまつわるよくある質問

Q 余ったスパイスカレーはどのように保存すればいいの？

A 冷蔵、冷凍保存でOKです

私は余ったカレーはタッパーまたはチャック付きポリ袋に入れて、すぐ冷凍します。冷凍することによって、テンパリングでつけた香りは消えてしまいますが、スターターとして使ったホールスパイスをカレーに入れたまま冷凍してしまえば、再度温め直したときに、また香ってきます。

↓香りを追加したい場合は、次々項を参考にしてください。

Q スパイスカレーでも2日目の方がおいしいの？

A 旨味は増します

一般的にスパイスカレーはできたてのときのスパイスの香り高さを楽しむものだといわれています。でも、香りが落ち着いた2日目のカレーがおいしく感じるのはなぜなんでしょう。

その理由は冷凍したカレーを解凍するとわかります。少し時間を置くことで、カレーに使われたいろいろな具材から旨味が溶け出してきて、解凍している間にとてもおいしくなるのです。2日目のカレーがおいしいのもこのためです。私はこのことを〝カレーの熟成〟と呼んでいます。しかし、香りは飛んでしまうので、香りを追加したい場合は、次のように、香りの強いスパイスのパウダーを加えます。

Q スパイスのあとがけはしてもいいの？

A パウダーならOKです

時間が経ったカレーなどにスパイスの香りを追加したい場合、温め直しのときに、香りの強いスパイス（カルダモン、クローブ、シナモン、スターアニスなど）のパウダーを一人分当たり、耳かき1杯程度追加します。作ったときに使用したスパイスを後がけしてもよいし、新たなスパイスを追加して違った味わいを楽しんでもよいです。辛味を追加したい場合は、チリペッパーを適量追加しましょう。ホールは香りが出るまで時間がかかるので、あとがけではあまり意味がありません。

Q インドの人たちは副菜と一緒にカレーを食べているの？

A 食べています！

レストランでターリー（カレー定食）を頼むと必ず副菜がついてきます。日本のインド料理屋さんでも出てくることはありますが、本場のアチャールは、日本で食べるものよりも、もっと酸っぱくて辛いもの。単独で食べるのは厳しいくらいです。

Q どうしてインド人は手で食べているの？

A 諸説ありますが、宗教上の理由が大きいようです

ヒンドゥー教やイスラム教では、食べ物は神から与えられた神聖なものという考え方があります。そして、食器などを使わずに手で食べることが、もっとも清浄だと考えられています。さまざまな人が使用した道具よりも、よく洗った自分の手の方が綺麗だ、という考え方です。ちなみに手食は、北インドよりも南インドに多く、左手は〝不浄の手〟、右手は〝聖なる手〟とされるため、右手で食べます。

Q ダイエットにおすすめなスパイスはありますか？

A チリペッパー、ブラックペッパー、しょうがです

これらのスパイスには、代謝促進作用があり、身体に蓄積した脂肪や糖を燃焼しやすい形に変えてくれます。これらを摂取してから、有酸素運動をするとダイエットに効果的です。ただ食べればよいという意味ではなく、食べたあとに運動することが大切です。

また、ターメリックやパプリカ、シナモン、クミンには、抗酸化作用があり、体によいとされています。酸素を取り入れて生きている人間の体もほかの物質と同じように酸化します。酸化すると、血管の老化が進んだり、シミやシワができ、肌あれなどが起こったり、さまざまなトラブルの原因になるといわれています。これを抑えてくれるのが抗酸化作用です。

スパイスを自分で調合してオリジナルマサラを作ろう

マサラとは、混合スパイスのこと。ガラムマサラやカレー粉も、複数のスパイスが集まったマサラです。スパイスにはそれぞれ特徴があり、その特徴を活かしながら、オリジナルのマサラを作ることが可能です。

まずは〝覚えておいて損はない、私の絶対マサラ〟を紹介します。絶対マサラとは、私が標準としている量です。また、失敗しない可変域も併記しました。基本は絶対マサラの量で、特徴づけたいスパイスだけこの可変域内で、量を増減させていきます。みなさんもこれを参考にお好きなオリジナルマサラを作ってみてください。可変域を表す部分では、増やすとどんなイメージになるかを記しました。また、自身のマサラを書き込める枠も用意しました。

ここで掲載しているスパイスは、すべて58ページのスパイスガイドに掲載しています。スパイスの特徴はスパイスガイドをご覧ください。

マサラ表の見方

この黄色い帯が、分量の可変域です。この範囲内でスパイスの量を調整します。

この赤い点が絶対マサラの分量です。この例では、小さじ1/2です。

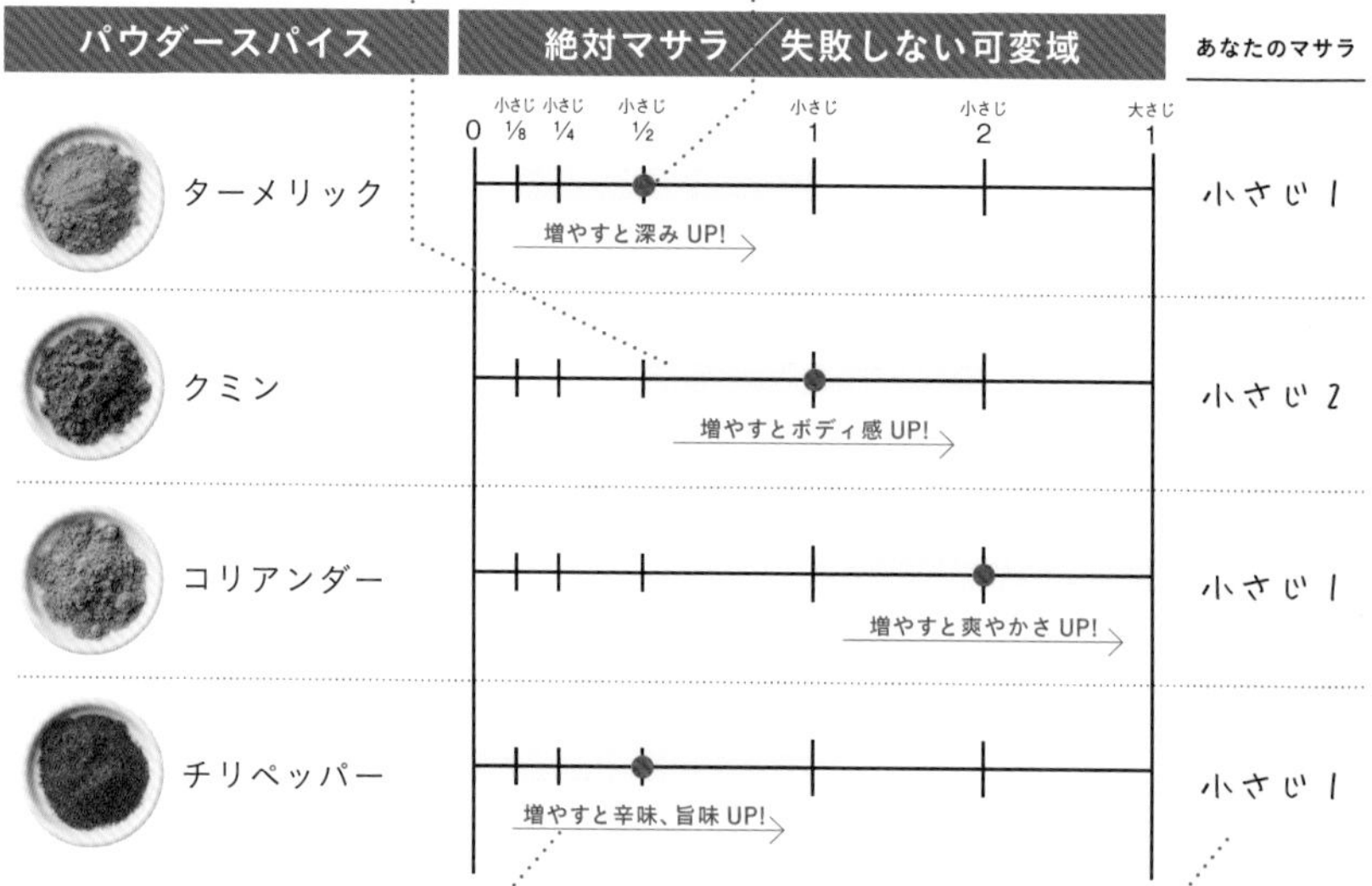

それぞれのスパイスに、増やしたときの味のイメージを補記しています。参考にしてください。

可変域内で調整したあなたの好みの分量を書き込んでください。

肉のマサラ (3～4人分)

パウダースパイス		絶対マサラ／失敗しない可変域	あなたのマサラ
	ターメリック	0 / 小さじ 1/8 / 小さじ 1/4 / 小さじ 1/2 / 小さじ 1 / 小さじ 2 / 大さじ 1 増やすと深み UP!	
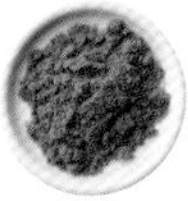	クミン	増やすとボディ感 UP!	
	コリアンダー	増やすと爽やかさ UP!	
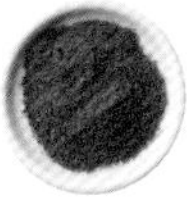	チリペッパー	増やすと辛味、旨味 UP!	

ホールスパイス		絶対マサラ／失敗しない可変域	あなたのマサラ
	カルダモン	0 個 / 5 個 / 10 個 増やすと清涼感 UP!	
	クローブ	0 個 / 5 個 / 10 個 増やすとツンとしたキレ味 UP!	
	シナモン	0cm / 5cm / 10cm 増やすと深み、甘い香り UP!	
	スターアニス	0 個 / 0.5 個 (4 カケ) / 1 個 (8 カケ) / 1.5 個 増やすと中華感 UP!	
	ブラウンカルダモン	0 個 / 1 個 / 2 個 増やすとスモーキー感 UP!	
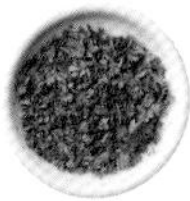	カスリメティ	0 個 / ひとつまみ / ふたつまみ 増やすとインド感 UP!	

魚のマサラ （3～4人分）

パウダースパイス

絶対マサラ／失敗しない可変域

あなたのマサラ

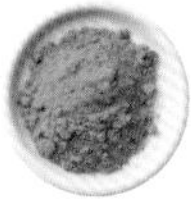
ターメリック

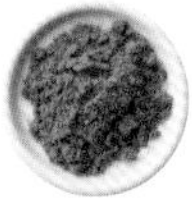
クミン

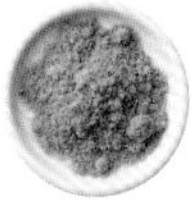
コリアンダー

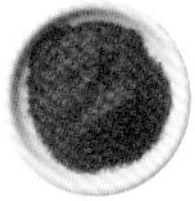
チリペッパー

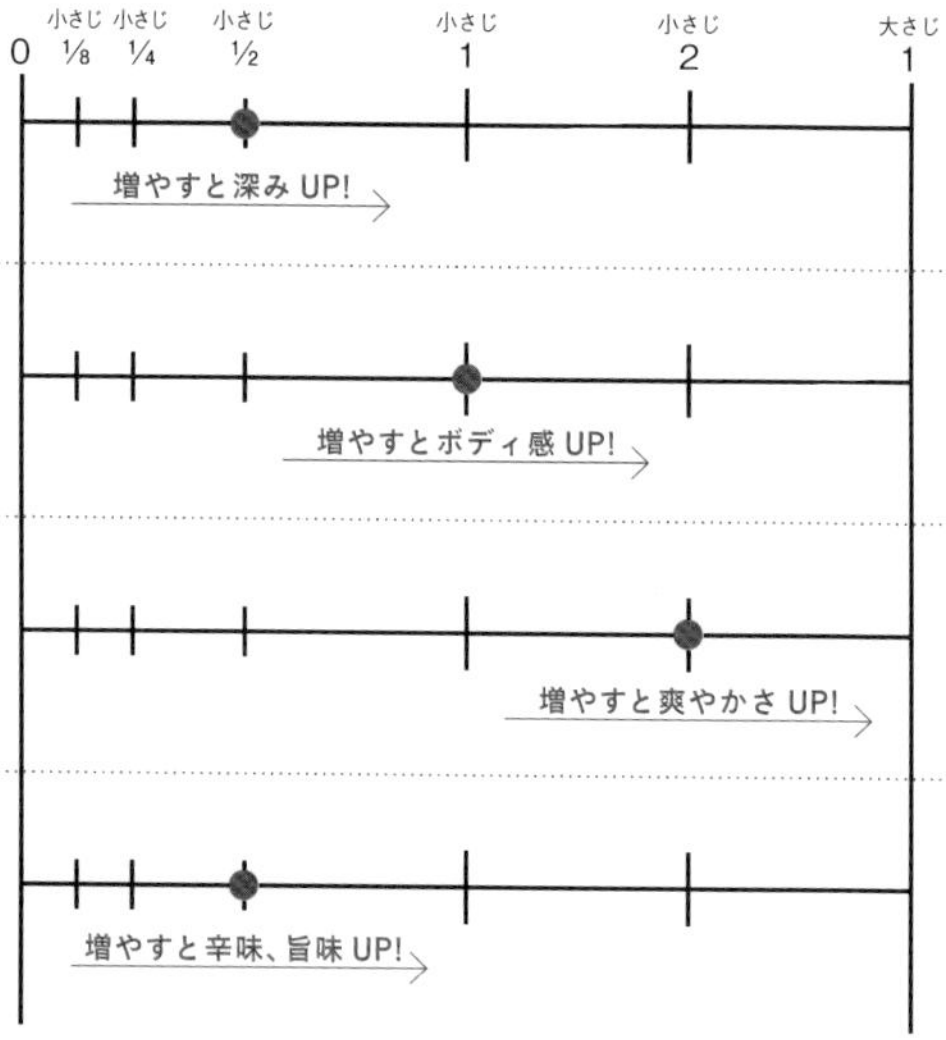

ホールスパイス

絶対マサラ／失敗しない可変域

あなたのマサラ

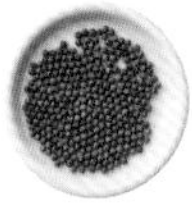
マスタードシード

フェンネルシード

クミンシード

フェヌグリーク
シード

カレーリーフ

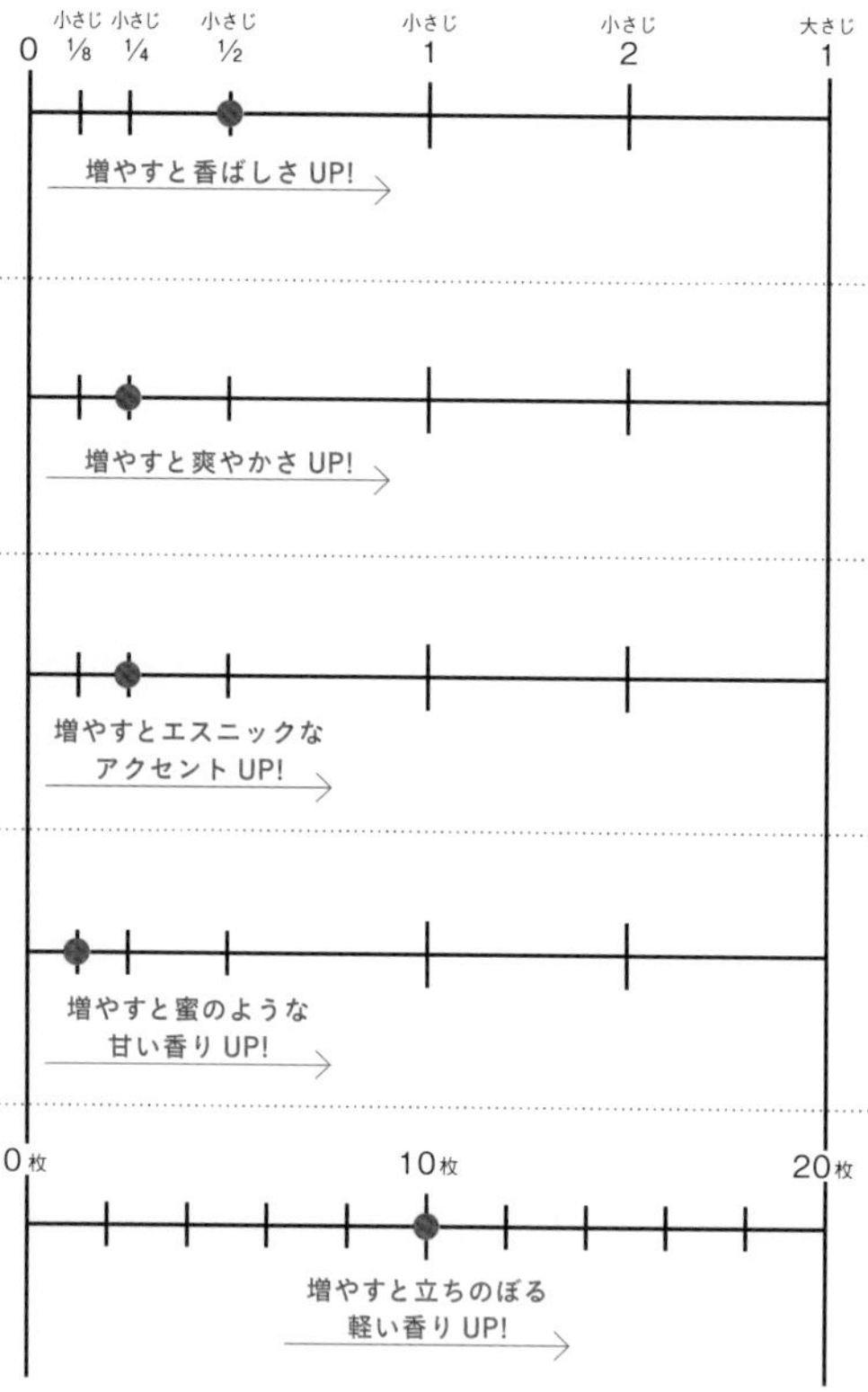

野菜のマサラ (3～4人分)

パウダースパイス	絶対マサラ／失敗しない可変域	あなたのマサラ

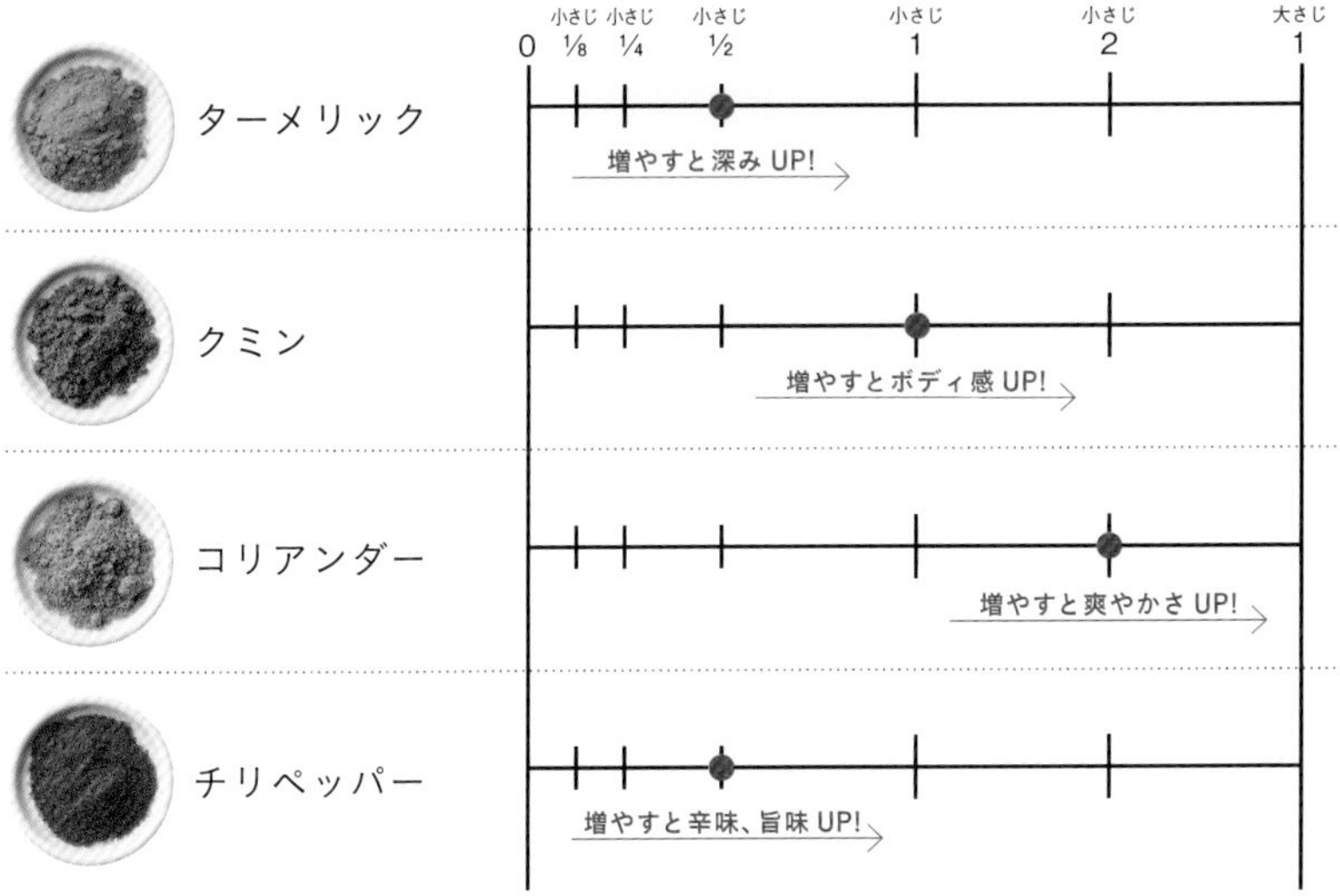

ホールスパイス	絶対マサラ／失敗しない可変域	あなたのマサラ

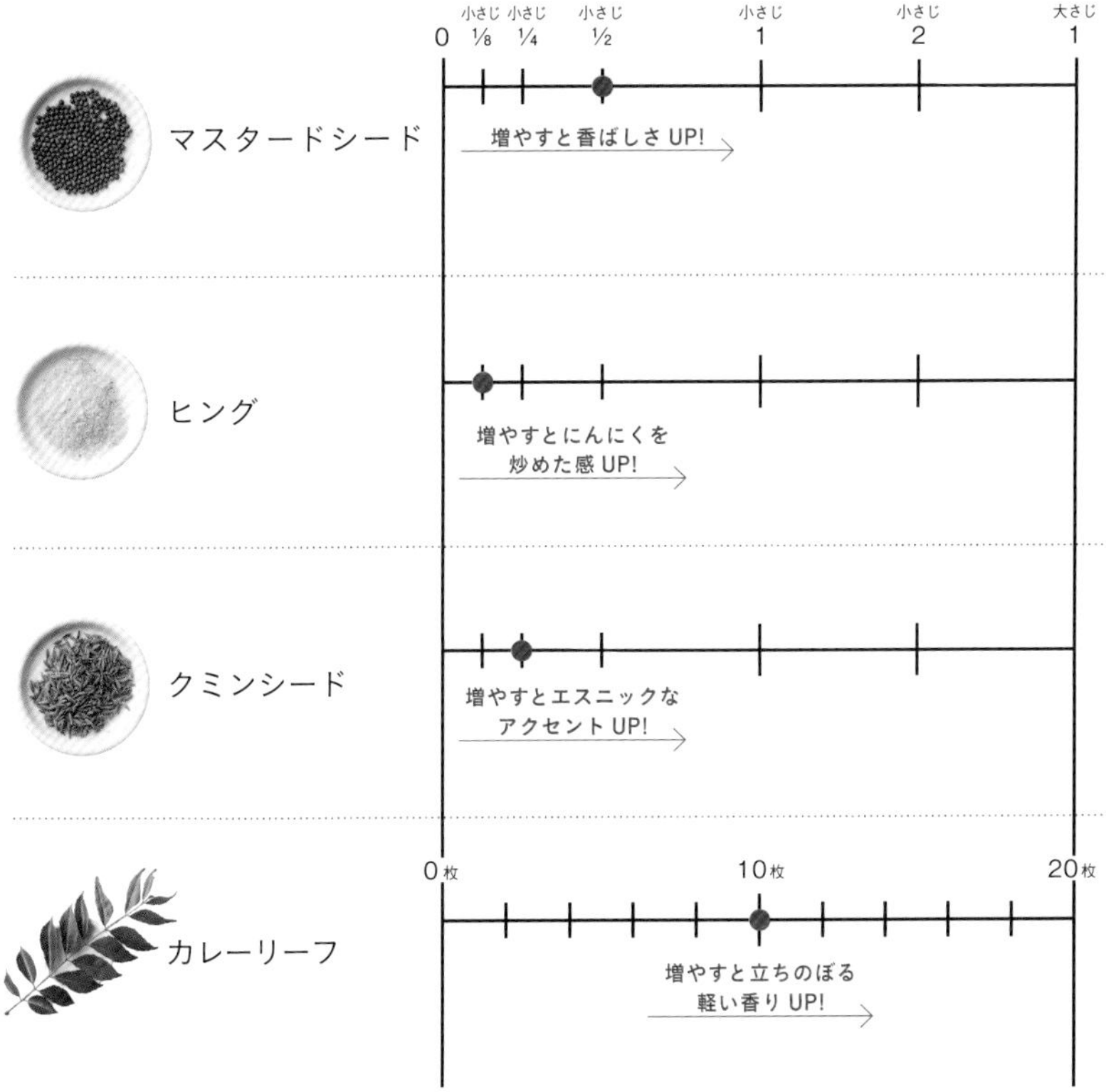

印度カリー子（いんど・かりーこ）

スパイス料理研究家兼タレント。スパイス初心者のための専門店香林館（株）代表取締役。「スパイスカレーをおうちでもっと手軽に」をモットーに、初心者のためのオリジナルスパイスセットの開発・販売をするほか、レシピ本執筆、大手企業と提携した商品開発・マーケティング、コンサルティングなど幅広く活動。著書累計発行部数は39万部超、全17作（2023年7月現在）。

1996年11月生まれ、仙台出身。2021年3月東京大学大学院農学生命科学研究科 修了。JAPAN MENSA会員。Forbes JAPAN 30 under 30「世界を変える30歳未満の30人」2021受賞。

@IndoCurryko　@indocurryko

STAFF
デザイン・イラスト　みうらしゅう子
漫画・イラスト　xian ozn
写真　北村勇祐（本文）
　小西泰央（コラム・インド関連）
　Jun Akiba（コラム）
スタイリスト　露木藍
編集　丸山亮平（百日）
校正　百日
撮影協力　UTUWA

毎日作り続けて気づいた もっとおいしくなるコツ
スパイスカレー沼にハマってみない？

２０２３年８月２０日　第１刷発行

著　者　印度カリー子
発行者　木下春雄
発行所　一般社団法人 家の光協会
〒162-8448　東京都新宿区市谷船河原町11
電話 03-3266-9029（販売）
03-3266-9028（編集）
振替 00150-1-4724
印刷・製本　図書印刷株式会社

ISBN 978-4-259-56769-9 C0077